KB244426

책세상문고·고전의 세계

인간 불평등 기원론

DISCOURS SUR L'ORIGINE ET LES FONDEMENTS DE L'INÉGALITÉ PARMI LES HOMMES

책세상문고·고전의 세계

책세상

인간 불평등 기원론

DISCOURS SUR L'ORIGINE ET LES FONDEMENTS DE L'INÉGALITÉ PARMI LES HOMMES

장자크 루소 지음

·

주경복 · 고봉만 옮김

책세상

일러두기

1. 이 책은 장자크 루소Jean-Jacques Rousseau의 《인간 불평등 기원론*Discours sur l'origine et les fondements de l'inégalité parmi les hommes*》(Amsterdam : Chez Marc-Michel Rey, 1755)을 우리말로 옮긴 것이다.

2. 베르나르 가뉴뱅Bernard Gagnebin과 마르셀 레몽Marcel Raymond이 편집하여 1959~1969년에 갈리마르에서 출간된 《루소 전집*Jean-Jacques Rousseau, Œuvres complètes*》(플레야드 총서)을 참고했다.

3 옮긴이의 뜻과 문고본의 특성을 고려하여 루소의 원주는 일부 생략했다. 후주에서 〔1782년판〕이라는 표시는 1782년에 출간된 《제네바 시민 루소 전집*Collection complète des œuvres de J.-J. Rousseau, citoyen de Genève*》에서 루소가 초판의 내용을 이해시키기 위해 추가한 글을 말한다. 루소의 주는 (저자주), 옮긴이주는 (옮긴이주)라고 표시했다.

4. 주요 인명과 책명은 최초 한 회에 한해 원어를 병기했다.

5. 단행본, 잡지는 《 》로 표시하고 논문, 단편, 일간지는 〈 〉로 표시했다.

6. 맞춤법과 외래어 표기는 1989년 3월 1일부터 시행된 〈한글 맞춤법 규정〉과 《문교부 편수자료》를 따랐다.

7. 이 번역 작업은 2000년도에 한국학술진흥재단의 지원을 받았다(KRF-2000-045-A1 1107).

이 세상에 태어난 모든 사람은 행복하고 싶어 한다. 그런데 실제로 남부럽지 않게 행복을 느끼며 사는 사람은 얼마나 되는가? 대부분의 사람들이 남에 비해 자신이 더 행복하지 못하다고 생각하며 살아간다. 무엇인가 남보다 못한 것이 있다는 생각을 떨치지 못하는 것이다. 재산이 부족하거나, 명예가 부족하거나, 권력이 부족하거나, 아니면 사랑이 부족하거나, 무엇인가 만족스럽지 못하여 상대적으로 그것을 더 가진 자와 비교하게 된다.

그러면 왜 나는 남보다 잘살지 못하는가? 왜 나는 남보다 높은 명성을 누리지 못하는가? 왜 나는 남보다 더 많은 권력을 갖지 못하는가? 왜 나는 남보다 아름답고 멋진 이성과 짝을 맺지 못하는가? 내가 아는 그 누구는 더 잘사는데, 더 많은 명예를 누리는데, 더 많은 권력을 가졌는데, 더 많은 여자 복을, 더 많은 남자 복을 받았는데, 왜 나는 그렇지 못한가? 이 세상은 불평등한 것이 아닌가?

이 책에서 장자크 루소Jean-Jacques Rousseau는 이런 물음들에 답하려고 애쓴다. 정답은 아니더라도 나름대로 그럴듯한 답을 말하고 있다. 그는 옛날 어느 때인가 모든 사람들이 평등하게 살아가던 시절이 있었는데 언제부터인가 불평등이 싹텄고, 그것이 자라고 심화되어 오늘에 이르렀을 것이라고 본다. 사람들이 모두 평등하게 살던 그때의 삶은 어떠했는가? 그 평화롭고 '행복한' 상태는 왜, 어떻게 깨졌으며, 어떤 과정을 거쳐 오늘에 이르렀는가? 이런 물음들에 대하여 루소는 매우 진지하게 이야기를 풀어나간다.

《인간 불평등 기원론*Discours sur l'origine et les fondements de l'inégalité parmi les hommes*》의 이야기는 크게 두 부분으로 나뉜다. 제1부에서는 행복하게 살았던 자연 상태의 인간에 대한 이야기가 우리의 상상력을 자극하며 다채롭게 전개된다. 제2부에서는 인간이 자연을 떠나고 인위적인 힘이 개입되면서 행복을 잃어가는 모습을 논리적으로 서술하고 있다.

옛날 원시 상태의 인간은 자연 환경에 잘 적응하며 건강하고 튼튼하게 살고 있었다. 일도 힘들게 많이 하지 않았고, 다른 사람과 말을 많이 할 필요가 없어서 말다툼을 할 필요도 없었으며, 굳이 서로 만나서 부딪치며 갈등을 빚을 일도 없었다. 다소 고독해 보였을지는 몰라도 그들은 자족하면서 살았다. 나이가 들어도 늘 어린이처럼 천진난만하게 생각하고 행동하며 살았다. 즐거운 일만 하고, 아름다운 것만 쳐다보고, 행복한 생각만 하면서 살았다는 것이다.

인간의 본성은 악해서 자연 상태로 두면 만인에 대한 만인의 투쟁으로 나타난다는 홉스Thomas Hobbes의 성악설을 루소는 인정하지 않는다. 자연의 인간은 선악의 개념을 초월한 존재였다고 말한다. 자연 상태의 인간은 선과 악의 상식적인 구별 이전에 존재하기 때문에 악할 필요도 없었고 악하지도 않았다는 것이다. 즉, 자연 상태의 인간은 선하다는 것이 무엇인지도 몰랐듯이 악하다는 것이 무엇인지도 몰랐으며, 그들에게는 악을 행할 조건도 주어지지 않았다는 것이 루소의 생각이다.

필요한 양식을 자연에서 쉽게 얻을 수 있었던 인간은 각자 원하는 곳으로 가서 자유롭게 먹고 즐기고 생각하며 행복하게 살았다. 누구를 구속하지도 않고 누구로부터 구속받지도 않았으며, 자유롭고 평등하게 살았다. 그런데 사람의 수가 늘어나고, 자연 재해가 닥치고, 사람이 다른 동물들과 먹이 다툼을 벌이는 일들이 생기면서 자연과 인간 개개인의 독대獨對를 통한 직접적 관계가 깨지고 점차 인간 사이의 관계가 밀접해지면서 공동체가 형성되어갔다. 공동체 속에서 각 인간은 남을 의식하게 되었다. 그 존재가 상대화되기 시작한 것이다. 이때부터 좋고 나쁨이 생겨나고 선악이 나타나며 불평등의 씨앗이 뿌려졌다. 힘이 있거나 재주가 있거나 말 잘하는 사람이 돋보이면서 다른 사람들을 압도하기 시작했다.

이들은 자기에게 유리한 조건을 차지하게 되었고, 드디어 사유물을 남보다 많이 지니게 되었다. 물건이나 땅을 자기에게 유리하게 나누어 차지하면서 남보다 더 많은 힘을 갖게 되었다. 약삭빠르고 힘있는 자는 점점 더 많은 것을 소유하게 되고 약한 자는 점점 더 상대적인 박탈을 겪게 되었다. 개인의 가치가 존재에서 소유의 개념으로 바뀌게 되었다. 생산 수단의 사유화가 인간을 소외시키고, 인간을 소유에 종속시켰다. 루소가 볼 때 사유 재산제도야말로 인간 불평등의 뿌리이며 불행의 근원이다.

이러한 생각들은 루소가 살던 시대에는 너무 파격적인 것이어서 매우 큰 파문을 일으켰다. 신분제도와 사유 재산제도를 당연한 것으로 알고 살아온 당시의 사람들에게 그것은 본래의 모습이 아니며, 더 행복한 방법이 있었다는 이야기는 하나의 충격이 아닐 수 없었다. 함께 친분을 나누며 백과사전 편찬에 참여한 디드로, 볼테르 등의 사상가들조차 그의 혁명적 사상을 소화할 수 없었다. 그래서 볼테르 같은 사람은 루소의 사유 재산제도에 대한 공격을 두고 거지 철학이라고 비판함으로써 그들 사이의 인간 관계까지 깨지는 결과를 초래했다.

아무튼 루소가 볼 때 인간의 불평등은 바람직한 것이 아니다. 또한 인간들이 꼭 그렇게 불평등한 조건을 받아들이면서 살아야 할 당위성도 없다. 사회의 질서는 새롭게 바꾸어나갈 수 있는 것이다. 이미 공동체가 이루어진 상태에서 다시 자연상태로 돌아갈 수는 없더라도 지나친 불평등이 존재할 때 그것을 고쳐나갈 수는 있다. 그것이 순리적으로 해결되지 않을 때에는 싸워서라도 해낼 수 있다. 루소가 상상하는 인류의 역사 속에서 바로 그런 일들이 벌어졌다.

소외된 사람들은 잃은 것을 되찾기 위해서나 남보다 더 많은 것을 다시 얻기 위해서 싸울 수밖에 없었다. 만인의 만인에 대한 투쟁은 이런 상황 때문에 일어난 것이다. 그렇게 천진난만하던 인간이 어느새 악해지고 만 것이다. 악해질 대로 악해진 인간들 사이에서 무질서와 혼란이 증폭되었다. 이런 상태가 지속되면 힘있는 자나 말 잘하는 자나 모두 불행할 수밖에 없다. 그래서 약삭빠른 사람들은 묘안을 찾아냈다. 자신들에게 유리하면서도 남들은 잘 알아차리지 못할 조건으로 계약을 맺어나가는 것이다. 그렇게 하여 사회는 점차 안정되어가는 반면, 유리한 조건을 차지한 사람들과 그렇지 못한 사람들 사이에 불평등이 제도적으로 자리 잡게 된 것이다. 인간의 불평등은 이렇게 고비고비마다 더욱 인위적으로 제도화되면서 고착되어왔다. 결국 국가라는 제도가 생기면서 불평등은 매우 견고한 모습을 갖추어서 더 이상 누구도 거역하거나 도전할 수 없는 것으로 인식되기에 이르렀다.

그러나 루소에 따르면 원천적으로 국가란 국민들의 일반 의사에 의하여 존립하는 것이다. 따라서 민중이 원하지 않는 제도는 순리에 맞지 않는 것이므로 타파될 수 있고 또 그렇게 되어야 한다. 기존 질서는 언제든지 무너뜨릴 수 있는 것이다. 그래서 예나 지금이나 루소의 주장들은 매우 혁명적이지 않을 수 없다. 바로 그런 이유 때문에 루소의 사상은 프랑스 혁명의 밑거름이 되었던 것이다.

지금 이 시대에 루소가 살아서 아직도 글을 쓰고 있다면 무엇에 대하여 어떤 주장을 쏟아놓을지 궁금해진다. 여전히 자연 상태에서 존재했던 인간의 본성을 회복하자고 주장하면서 사유 재산제도의 문제점과 정치 권력의 모순을 비판할 것이 틀림없다. 기득권의 부조리를 비판하는 루소의 사상은 자본주의가 지배하는 오늘날의 세계 질서 속에서도 매우 공격적인 담론으로 다가온다. 신자유주의가 팽배한 흐름에서는 더욱 그렇다. 조건이 유리하든 불리하든 각자가 처한 조건을 그대로 받아들이고 마치 하나의 시장에서 사람들이 알아서 능력껏 돈을 벌듯이 무한에 가까운 경쟁을 벌여보자는 신자유주의의 논리는 루소의 사상에 비추어 본다면 전혀 반대의 방향으로 나아가고 있는 것이라고 볼 수 있다.

예리한 눈으로 세상을 바라보는 사람들은 최근 이십 대 팔십의 사회라 일컬어지는 '세계화'의 흐름 속에서 또 하나의 사회 계약과 불평등의 기원을 발견하고 있다. 이십 퍼센트가 잘살고 팔십 퍼센트가 못살게 된다는 것을 알면서 사람들은 강대국이나 초국적 자본의 논리를 따라 나서고 있는 것이다.

'나'는 못사는 팔십 퍼센트에 들지 않고 이십 퍼센트에 들게 될 것이라는 막연한 기대 때문인지 모른다. 그러나 루소에 따르면 인류는 그런 막연한 환상들 때문에 불평등의 골을 점점 더 깊이 파왔다.

이런 인류의 역사를 보면 아직도 인간 불평등의 기원이 지속되고 있다는 느낌을 받는다. 불평등의 문제는 완료형이 아니라 진행형이라는 것이다. 루소의 사상에 영향을 받아 프랑스 혁명이 일어났고, 서구 각국에서 시민 혁명이 일어났지만 불평등의 현실은 근본적으로 바뀌지 않았다. 왕과 귀족이 누리던 기득권이 부르주아에게 넘어갔지만 민중의 소외는 여전히 남게 되었다. 어떤 면에서는 자본주의 사회에서 자본가와 민중의 불평등이 날이 갈수록 심화되는 양상을 보이기도 한다. 그래서 루소의 사상은 지금도 살아 있는 교훈을 담고 있다. 그의 주장들을 통해 이 시대의 불평등 구조를 새롭게 되새겨볼 만한 것이다.

《인간 불평등 기원론》을 읽다 보면 옛날 아름다웠던 시절에 대한 회상과 불행했던 과거에 대한 반성을 체험할 수 있으며 현재에 대한 문제 의식과 함께 미래에 대한 비전도 다듬어보는 기회를 갖게 될 것이다. 이제 함께 타임머신을 타고 과거 속으로 불평등의 기원을 찾아 떠나보기로 하자.

옮긴이 주경복·고봉만

제네바 공화국[1]에 바치는 글

자연적이라는 것은 타락한 인간들 속에서가 아니라
자연에 따라 처신하는 인간들 속에서 고찰해야 한다.

—아리스토텔레스, 《정치학》, 50. 2.

진심으로 존경하는 훌륭하신 의원님들께.[2]

조국이 부끄럽게 여기지 않을 경의를 조국에 표하는 것은 덕망 높은 시민만이 할 수 있는 일이라고 믿어온 제가, 여러분에게 공적인 경의를 표할 만한 자가 되려고 노력한 지도 삼십 년이 되었습니다. 다행히 이번에 찾아온 기회가 저의 노력으로도 해내지 못한 것을 부분적으로 보충해줄 수 있다고 생각해서, 저는 여기에서 저의 행동을 정당화할 권리보다는 저를 부추기는 열성에 귀를 기울이는 것이 좋겠다고 생각했습니다. 여러분의 나라에서 태어난 행운을 지닌 제가 자연이 인간에게 베푼 평등이나 인간이 스스로 만든 불평등에 대해 고찰하면서 어떻게 여러분의 깊은 식견을 염두에 두지 않을 수 있겠습니까? 여러분의 나라에서는 그 깊은 식견에 따라 자연적 평등과 사회적 불평등이 알맞게 배합되어, 자연법에 가장 가까운 형태로 사회와 공공 질서의 유지, 그리고 개인의 행복에 가장 부합되도록 두 가지 모두 농능한 권리를 누리고 있지 않습니까? 저는 정부의 구성에 관해 양식良識이 명령할 수 있는 최상의 원칙들을 찾다가 그것들이 전부 여러분의 정부에서 실천되고 있다는 사실에 놀랐습니다. 만약 제가 여러분의 성벽 안에서 태어나지 않았다 하더라도, 저는 인간 사회에 대한 이 묘사를 모든 국민들 가운데 가장 많은 장점을 지니고 있으며 그 폐단을 가장 잘 막아왔다고 생각되는 이 국민에게 바치지 않을 수 없었을 것입니다.

만일 제가 저 자신이 태어날 곳을 선택해야 했다면, 저는 인간 능력의 범위 내에 있는, 다시 말하면 제대로 다스려질 가능성이 있는 그런 규모의 사회를 택했을 것입니다. 그런 사회에서는 저마다 자기에게 적합한 임무를 맡고 아무도 자기 임무를 남에게 넘기도록 강요받지 않겠지요. 그런 국가에서는 개개인이 서로 잘 알고 있어 악덕의 음험한 수작이나 미덕의 겸손도 사람들의 시선과 심판에서 벗어날 수 없을 것이며, 또한 서로 만나 알고 지내는 바람직한 관습 때문에 조국에 대한 사랑은 영토에 대한 사랑보다는 시민들에 대한 사랑으로 표출될 것입니다.

저는 국가 기관의 모든 활동이 궁극적으로 공동의 행복을 지향하도록 하기 위해, 주권자souverain와 국민의 이해 관계가 일치하는 나라에 태어나기를 바랐을 것입니다. 그러나 그런 일은 국민과 주권자가 동일한 인간이 아닌 이상 있을 수 없으므로, 결과적으로 저는 현명하게 조절된 민주적인 정부

아래 태어나기를 원했겠지요.

저는 자유로이, 다시 말하면 저 자신뿐만 아니라 그 누구도 벗어날 수 없는 법이라는 명예로운 속박에 순종하여 살다가 죽을 수 있기를 바랐을 것입니다. 유익하고도 부드러운 이 속박이야말로, 그 외에는 어떤 속박도 받지 않을 터이므로 제아무리 자존심 강한 사람이라도 군소리 없이 받아들일 만한 것이라고 저는 생각합니다.

그러므로 저는, 국가 안에서 살아가는 어느 누구도 자신이 법을 초월한다고 말하지 못하는 한편 국가 밖에 있는 사람이 무리하게 국가에 법을 강요하여 그것을 인정하도록 하는 일이 없기를 바랐을 것입니다. 정부가 어떻게 구성되어 있든, 만일 법에 순종하지 않는 사람이 하나라도 있으면 나머지 사람들은 반드시 그 사람의 의견을 따르게 되니까요. 그리고 만일 나라 안 우두머리와 나라 밖 우두머리[3]가 있다면, 그들이 어떻게 권력을 나누어 갖든 국민이 그 둘 모두에게 복종하는 것도, 국가가 제대로 통치되는 것도 불가능하기 때문입니다.

아무리 좋은 법을 가지고 있다 하더라도, 저는 새로 세워진 공화국에 살고 싶어 하지는 않았을 것입니다. 당면한 필요에 부합되지 않게 구성된 정부가 새로운 시민들에게 적합하지 않거나 시민들이 새로운 정부에 적합하지 않아, 결국 국가가 태어나자마자 흔들려 붕괴되지 않을까 우려되기 때문입니다. 자유란 즙이 많고 영양이 풍부한 음식이나 질 좋은 포도주 같은 것이라서, 거기에 익숙해진 튼튼한 체질을 유지하거나 더욱 강건하게 하는 데는 적합하지만 거기에 맞지 않는 허약한 체질은 오히려 압도하고 허하게 하며 취하게 만듭니다. 일단 지배받는 데 익숙해진 국민은 이미 지배자 없이 지낼 수 없게 되지요. 만일 속박에서 벗어나려 한다면 그들은 자유에서 점점 멀어질 뿐입니다. 그들은 참된 자유와 반대되는 방종을 자유로 착각하므로, 혁명을 한다고 해도 거의 언제나 자기들의 족쇄를 더욱 무겁게 만들어버릴 뿐인 선동가들에게 스스로를 내맡기게 되지요. 심지어 자유로운 국민의 전형적인 본보기인 로마인들도 타르퀴니우스Tarquinius 가家4의 압제에서 막 벗어났을 때는 스스로를 다스릴 능력이 거의 없었습니다. 로마인들은 타르퀴니우스 가의 왕들이 강요한 노예 상태와 굴욕적인 노동 때문에 천박해진 나머지, 최대한 지혜를 기울여 배려하고 다스려야 하는 어리석은 백성에 지나지 않았습니다. 그러나 압제 아래에서 무기력해진, 아니 멍청해진 이들 영혼이 자유라는 유익한 공기를 마시는 데 조금씩 익숙해지자, 마침내 로마인을 모든 국민들 가운데 가장 존경할 만한 국민으로 만든 저 엄격한 도덕 관념과 자랑스러운 용기를 차츰 획득하게 되었던 것입니다. 그러므로 저는 제 조국의 모델로 행복하고 평온한 공화국을 찾았을 것입니다. 그 공화국은 태고의 어둠 속으로 사라질 정도로 기원이 아득하고, 그곳에 사는 주민들은 용기와 조국애를 발휘하고 그것을 강화시키는 데 적당한 공격밖에 받은 적이 없으며, 그곳 시민들은 오래전부터 현명한 독립에 익숙해져 자유로울 뿐만 아니라 그 자유를 누리기에 부족함이 없습니다.

저는, 다행히도 힘이 모자라 잔인한 정복욕에 사로잡히지 않고 지리적으로도 좋은 위치에 있어 다른 나라에 정복당할 염려가 없는 그런 조국을 택했을 것입니다. 여러 나라 사이에 있지만 침략해봤자 어느 나라에도 이로울 것이 없고 다른 나라들이 침략하지 못하도록 막는 것이 서로에게 이로운 그런 자유 도시, 한마디로 말해서 이웃 나라의 야심을 조금도 자극하지 않으면서 필요한 경우에는 이웃 나라의 도움도 충분히 기대할 수 있는 그런 공화국 말입니다. 따라서 이토록 유리한 위치의 공화국은 자기 자신 외에는 아무도 두려워할 필요가 없게 됩니다. 만일 그 나라의 시민들이 군사 훈련을 한다 해도, 그것은 방위를 위해서라기보다는 진정으로 자유와 부합하며 자유에 대한 취향을 강화하는 무사다운 열정과 자랑스러운 용기를 유지하기 위해서였을 것입니다.

그런가 하면 저는 또한 입법권이 모든 시민에게 골고루 있는 그런 나라를 찾았을 것입니다. 동일한 사회에서 함께 살아가려면 과연 어떤 조건이 자신들에게 적합한가 하는 문제를 시민들만큼 잘 알고 있는 사람은 없으니까요. 그러나 저는 로마인들이 실시한 바 있는 평민 투표plébiscite 같은 것들은 인정하지 않았을 것입니다. 이 투표는 국가의 사활이 걸려 있는 문제들을 의결할 때 국가의 우두머리들과 국가 보전에 가장 관계 깊은 사람들을 제외했으며, 일반 시민들까지도 누리고 있던 권리를 부조리하게도 행정관들에게서는 박탈했기 때문입니다.

이렇게 볼 때 결국 저는 이와 상반되는 다음과 같은 것을 원했을 것입니다. 사사로운 이득을 꾀하기 위한 어설픈 계획이나 아테네 사람들을 멸망으로 이끈 위험한 개혁들을 중단시키려면 새로운 법률을 제안할 수 있는 권리를 아무에게나 부여해서는 안 될 것입니다. 그와 같은 권리는 행정관들만 행사할 수 있어야 합니다. 아울러 행정관들은 그 권리를 매우 신중하게 행사해야 하며, 국민도 그렇게 입안된 법률을 경솔하게 찬성해서는 안 됩니다. 법률의 공포는 엄정한 절차를 거쳐야 하며, 따라서 국가의 조직이 흔들리기 전에 다음과 같은 사실을 국민이 확신할 수 있는 시간을 가져야 할 것입니다. 즉 어떤 법률이 신성하고 존중할 만하다면 그 이유는 그 법률이 매우 오래되었기 때문이며, 날마다 법률이 달라지면 결국 국민은 그것을 소홀히 하고, 개선한다는 구실로 옛 관습을 무시하는 데 익숙해지게 되며, 그럼으로써 조그마한 악을 고치려다 도리어 더 큰 악을 초래하게 된다는 사실을 말입니다.

저는 특히 다음과 같은 공화국은 통치가 되지 않는 것이 당연하다고 여겨 피했을 것입니다. 행정관 따위는 없어도 좋다고 생각하거나 행정관에게 일시적인 권력만 부여하면 된다고 생각하여, 경솔하게도 시민에 관한 공무의 관리나 그 법률의 집행을 국민들이 직접 맡으려고 하는 공화국 말입니다. 자연 상태에서 갓 벗어난 최초의 정부의 구성은 이와 같은 모습이었을 것이며 아테네 공화국을 파멸시킨 결함의 하나도 바로 이런 것이었다고 생각합니다.

그러나 저는 다음과 같은 공화국이라면 서슴지 않고 택했을 것입니다. 개개인이 법률에 찬성 혹은 반대하는 것과 의회에서 통치자들의 제안에 의거해 국가의 가장 중요한 일들을 결정하는 것에 만족하면서, 존중받을 만한 법정을 마련하고 세심하게 그 관할을 구분하며, 같은 나라 사람들 중 누군가가 재판을 관리하고, 국가를 다스리기에 가장 적합하고 공정한 사람들을 해마다 선출하는 공화국, 그리고 행정관들의 덕성이 곧 그 나라 국민의 지혜로움을 증명하며 양자가 서로 존중하는 공화국 말입니다. 그런 경우, 설사 불행한 오해 때문에 국민적 화합이 흔들린다 하더라도, 그와 같이 어둡고 오류로 얼룩진 시대에도 절제와 상호 존중, 법률에 대한 공동의 경의는 계속 표출될 것입니다. 그것은 참되고 영구적인 화해의 조짐이며 보장이기도 합니다.

진심으로 존경하는 훌륭하신 의원님들, 이상이 제가 스스로 택한 조국에서 찾으려 했을 장점들입니다. 이에 덧붙여,

만일 신의 섭리가 유리한 지리적 위치나 온화한 기후, 비옥한 땅 그리고 지상에서 가장 아름다운 풍경까지 보태주셨다면, 저는 이 복된 조국의 품 안에서 저의 행복을 채우기 위해 이 모든 축복을 만끽하고자 했겠지요. 또한 이웃과 사이 좋게 어울려 평화롭게 살면서, 그들에 대하여 또한 그들의 예를 따라 자비와 우애와 모든 미덕을 베풀기를 바랐을 것이고, 훌륭한 인간이자 정직하고 덕망 있는 애국자로서 고귀한 이름을 후세에 남기기를 바랐을 것입니다.

설사 제가 그다지 행복하지 못하거나 너무 늦게 철이 들어, 청년 시절의 경솔함 때문에 잃어버린 안식과 평화를 아쉬워하면서 외국에서 병들고 무기력하게 생애를 마감한다 하더라도, 저는 적어도 고국에서는 실행할 수 없었던 위와 같은 생각들을 마음에 품고 가꾸었을 것입니다. 그리고 멀리 떨어져 있는 동포 시민에 대해 두텁고 사심 없는 애정을 느끼면서 다음과 같이 진심으로 말했을 것입니다.

"친애하는 동포 시민 여러분, 아니 형제 여러분, 혈연과 법률이 우리들 대부분을 이어주고 있기에 당신들을 생각할 때마다 당신들이 누리고 있는 모든 혜택을 아울러 생각하게 된다는 것이 저로서는 기쁜 일입니다. 아마 여러분 중에서 그 혜택을 잃어버린 나만큼 그 가치를 절실히 느끼는 사람은 없을 테지요. 당신들의 정치·사회적인 상황을 생각하면 할수록, 인간 만사choses humaines의 본성이 이보다 더 좋은 상황을 허용할 수 있을지 저로서는 감히 상상할 수 없습니다. 다른 어떤 정부를 보더라도 국가의 가장 큰 이익을 확보하는 것이 문제가 될 경우, 모든 것은 관념상의 계획, 기껏해야 단순한 가능성들에 그치는 것이 고작입니다. 그러나 여러분에게는 행복이 마련되어 있기에 그것을 누리기만 하면 됩니다. 여러분은 완전히 행복해지기 위해서는 행복하다는 사실에 만족하기만 하면 되지요. 무력에 호소하여 손에 넣거나 되찾고 용기와 지혜로 2세기 동안 유지해온 여러분의 주권은, 마침내 완전하고도 광범위하게 인정받게 되었습니다. 명예로운 계약이 당신들의 한계를 정하고 당신들의 권리를 보증하며 당신들의 안정을 보장해주고 있습니다. 당신들의 정체政體는 훌륭합니다. 그 정체는 가장 숭고한 이성의 가르침에 따라 규정되고 우애와 존경심을 가진 열강들에게 보장받고 있습니다. 여러분의 나라에는 걱정이 없으며 여러분은 전쟁이나 정복자를 두려워할 필요가 없습니다. 그리고 당신들 스스로가 만든 현명한 법률 외에는 주인이 없으며, 이 법률은 당신들이 선출한 공정한 행정관들에 의해 시행되고 있습니다. 당신들은 나태함 때문에 무기력해지거나 헛된 향락으로 참된 행복과 견실한 덕성에 대한 애정을 잃을 만큼 부유하지도 않습니다. 또한 당신들의 생산 기술이 마련해주는 것 이상으로 외국의 원조가 필요할 만큼 가난하지도 않습니다. 그리고 큰 나라에서는 이 소중한 자유가 터무니없는 세금으로 유지되고 있지만 여러분은 이 자유를 유지하기 위해 아무 희생도 할 필요가 없습니다.

　이처럼 현명하고 적절하게 구성된 공화국이 시민들의 행복을 위해서, 또한 여러 나라 국민들의 모범으로서 영원히 계속되기를 바랍니다! 이것이야말로 당신들이 완수해야 할 유일한 소원이자 책임입니다. 조상들이 당신들의 행복을 위해 수고를 아끼지 않았으니, 여러분은 앞으로 그것을 슬기롭게 잘 행사하여 오래 유지해야 하겠지요. 당신들을 온전하게 지켜주는 것은 바로 당신들의 영원한 단결과 법의 준수, 그리고 법의 집행자에 대한 존경입니다. 만일 당신들 사이에 조금이라도 원망이나 불신의 씨가 남아 있다면, 그것을 조만간 당신들의 불행과 국가의 멸망을 초래할 화근으로 간주하고 얼른 없애버리십시오. 여러분이 모두 자기의 마음속으로 깊숙이 들어가 양심의 은밀한 소리에 귀 기울이기를 바랍니다. 이 세상에 여러분의 행정관들처럼 공정하고 지혜롭고 존경할 만한 사람들의 집단을 알고 있는 사람이 여러분 중에 있습니까? 당신들의 집권자들은 모두 절제와 소박한 풍습, 법에 대한 존중과 가장 진지한 화해의 모범을 보여주고 있지 않습니까? 그러므로 그와 같은 현명한 위정자들에 대해서는 이성이 미덕에 바쳐야 할 유익한 신뢰를 아낌없이 바치십시오. 그들은 여러분이 선출한 사람들이고, 그들은 그 선출이 옳았다는 것을 보여주고 있으며, 그리고 당신들이 요직에 앉

힌 사람들이 받아야 할 명예가 반드시 여러분 스스로에게 돌아오게 된다는 것을 생각하십시오. 법의 효력과 그 수호자들의 권위가 정지되는 곳에서는 어느 누구도 안전과 자유를 누릴 수 없다는 사실을 모를 만큼 무지한 사람은 여러분 중에 아무도 없을 것입니다. 그러니 당신들이 참된 이익과 의무 때문에, 또한 도리를 위해 마땅히 해야 할 일을 기꺼이 진심으로 올바른 신뢰를 가지고 하는 데 무슨 문제가 있겠습니까? 정체의 유지에 대한 무관심은 혐오해야 마땅한 죄악입니다. 그러므로 여러분 중에서 가장 식견 있고 열의가 있는 사람들의 현명한 의견이 필요한 경우에 이를 무시하는 우를 범하지 않도록 주의하십시오. 공평과 절제와 존경할 만한 확고부동함으로 당신들의 행동을 자제하고, 자기 자신의 자유뿐만 아니라 자기의 영광을 수호하려는 자랑스럽고도 겸허한 국민의 본보기를 온 세계에 보여줘야 합니다. 특히 악의를 품은 해석이나 가시 돋친 이야기에는 귀를 기울이지 않도록 주의하십시오. 이것이 저의 마지막 충고입니다. 그런 해석이나 이야기 속에 숨은 동기들은 대개 그것의 목적인 행위보다 더 위험하기 때문입니다. 도둑이 가까이 접근하지 않는한 절대로 짖지 않는 선량하고 충직한 개가 일단 짖기 시작하면, 집안 식구들이 모두 잠에서 깨어나 신속하게 경계 태세를 취하게 됩니다. 그러나 끊임없이 휴식을 방해하면서 빗나간 경고만 해대는 소란스러운 개는 막상 경고가 필요할 때

주의를 끌지 못하고 사람들에게 사랑받지 못합니다.”

진심으로 존경하는 훌륭하신 의원님들이여, 자유로운 국민의 품위 있고 존경할 만한 행정관들이여, 제가 특별히 당신들에게 각별한 경의와 의무를 표하는 것을 허락해주십시오. 만일 이 세상에 그 지위에 오른 사람들의 이름을 영광스럽게 하기에 합당한 지위가 있을 수 있다면, 그것은 재능과 덕이 있기 때문에 얻는 지위이며, 당신들 스스로에게 어울리거니와 동포 시민들이 부여해준 바로 그 지위입니다. 시민들의 가치가 당신들의 가치를 더욱 빛내고 있습니다. 다른 사람들을 다스릴 능력이 있는 사람들이 자신들을 다스려달라고 선출한 사람들이 여러분이므로 저는 여러분이 다른 행정관들보다 더 훌륭하다고 생각합니다. 자유로운 국민, 특히 당신들이 영광스럽게도 지도하고 있는 국민은 뛰어난 지혜와 이성을 갖추고 있다는 점에서 다른 여러 나라의 천민보다 훨씬 훌륭하기 때문입니다.

여기서 한 가지 예를 인용하도록 해주십시오. 그것은 저에게 가장 훌륭한 기록들 가운데 하나로 남을 것이며, 언제나 제 마음속에 생생하게 기억될 것입니다. 저에게 이 세상의 삶을 주었으며 어린 시절 내내 당신들을 존경하라고 가르쳐준 한 덕망 높은 시민[5]을 생각할 때마다 저는 큰 감동을 느끼게 됩니다. 그가 스스로 생계를 유지하고 자신의 영혼을 가장 숭고한 진리로 살찌우던 모습이 지금도 눈에 선합니다. 그의 앞에는 생업을 위한 도구들과 함께 타키투스Publius Cornelius Tacitus[6]나 플루타르코스Plutarchos,[7] 그리고 그로티우스Hugo Grotius[8]의 저서가 놓여 있었습니다. 그의 옆에는 한 명의 귀여운 아들이 있으나, 여느 아버지보다 뛰어난 아버지에게서 애정 어린 교육을 받으면서도 빈약한 결실밖에 거두지 못하고 있는 모습이 보입니다. 제 청춘의 방황이 한동안 그처럼 현명한 가르침을 잊어버리게 했으나, 마침내 저는 인간이 아무리 악에 빠지기 쉬운 경향을 갖고 있다 해도 사랑이 담긴 교육은 영원히 헛될 수 없다는 사실을 행복한 심정으로 느끼고 있습니다.

진심으로 존경하는 훌륭하신 의원님들이여, 당신들이 통치하는 나라에 태어난 시민들은, 아니 평범한 주민habitant[9]들일지라도 마찬가지로, 모두 다른 나라에서는 직공이나 서민이라는 이름으로 천하고 그릇되게 인식되고 있지만 이곳에서는 제대로 교육을 받은 분별 있는 사람들입니다. 기꺼이 고백하건대, 저의 부친은 다른 동포 시민들에 비해 뛰어난 점이 조금도 없었습니다. 그는 여느 사람들과 똑같았습니다. 그리고 어느 곳에 가나 그는 있는 그대로의 인품으로 가장 교양 있는 사람들에게서 교제해줄 것을 요청받고 그들과 교류했으며, 게다가 좋은 결실을 맺기도 했습니다. 이런 성품을 지닌 사람들이 당신들에게서 받기를 기대하는 존경의 표시에 대해서는 제가 말할 것이 못 되며, 또 고맙게도 그럴 필요도 없습니다. 그들은 교육뿐만 아니라 타고난 자연의 권리에서도 당신들과 대등하며, 자신들이 당신들보다 낮은 지위에 머무르는 것은 스스로의 의지에 따른 것이라 생각하고 당신들의 가치를 인정하여 자진해서 존중하기 때문입니다. 그러므로 당신들도 그들에게 일종의 감사하는 마음을 가져야 할 것입니다. 저는 당신들이 그들에 대해 최대한 부드럽고 겸허한 태도를 취함으로써 법률의 집행자에게서 흔히 볼 수 있는 고압적인 태도를 완화하려고 애쓰고 있으며, 또 그들이 당신들에게 보일 것임에 틀림없는 그런 복종이나 존경에 대해 당신들이 얼마나 존중하고 주의하고 있는지를 알기에 대단히 만족하고 있습니다. 그것은 정의와 지혜로 충만한 행위이며, 두 번 다시 되풀이되어서는 안 될 불행한 사건들[10]에 대한 기억을 떨쳐버리는 데 도움을 줍니다. 아울러, 공정하고 너그러운 국민이 자기의 의무를 흔쾌히 수행하고 자연스럽게 당신들을 존경하며, 자기 권리를 가장 열심히 주장하는 사람들이 당신들의 권리를 가장 존중하는 경향이 있는 만큼 그것은 더욱 정당한 행위라고 할 수 있습니다.

시민 사회의 지도자들이 그 사회의 영광과 행복을 바라는 것은 조금도 이상한 일이 아닙니다. 그러나 자기들을 보다 신성하고 숭고한 조국의 행정관,[11] 아니 오히려 지배자로 간주하고 있는 사람들이 자기들을 양육하고 있는 지상의 조국에 대해 어떤 애정을 표시하는 것은, 사람들의 마음의 평화라는 관점에서 볼 때 매우 이상한 일입니다. 우리를 위해 보기 드문 예외 하나를 만들고, 법률에 따라 허용된 신성한 교리를 받아들이는 저 열성적인 사람들, 즉 존경할 만한 영혼의 목자들[12]을 우리의 가장 훌륭한 시민의 대열에 포함한다는 것이 저로서는 여간 즐겁지 않습니다. 이들의 힘차고 부드러운 웅변은 복음서의 준칙들을 사람들의 마음속에 서서히 깊이 새겨 넣을 수 있습니다. 그들이 언제나 솔선수범하여 그 일을 실천하기 때문이지요. 제네바에서 설교의 훌륭한 기술이 얼마나 성공적으로 연구되고 있는지는 세상이 다 압니다. 그러나 언행의 불일치를 너무 자주 보아온 까닭에, 우리의 목사 집단이 얼마나 철저하게 기독교 정신이나 풍속의 신성함, 그리고 외유내강으로 뭉쳐 있는지 알고 있는 사람은 거의 없습니다. 신학자와 문학가들 사이에서 찾아볼 수 있는 이와 같은 완전한 결합[13]의 유익한 실례를 보여주는 곳은 아마도 제네바밖에 없을 것입니다. 제가 제네바의 영원한 평화에 대해 희망을 걸고 있는 것은, 널리 알려진 그들의 지혜와 절제 때문이며 국가의 번영에 대한 그들의 열의 때문입니다. 그리고 저는 그들이 성스럽고, 야만적인 사람들의 규범에 대해 얼마나 두려워하고 있는가를 알고는 놀라움과 존경이 뒤섞인 기쁨을 느낍니다. 그들의 그 실례를 역사는 여러 차례 보여주었습니다. 이른바 하느님의 권리, 다시 말해 자신들의 이익을 수호하기 위해 그들은 자기들의 피가 언제나 존중될 것이라고 자부하면서[14] 인간의 피를 흘리는 데는 그다지 인색하지 않았습니다.

여기서 나는 공화국 인구의 절반을 차지하고 있는 남자들의 행복을 마련하고 친절과 지혜로 나라의 평화와 미풍양속을 지키고 있는 저 귀중한 나머지 절반의 여성들을 잊을 수가 없습니다. 상냥하고 정숙한 여성 시민[15] 여러분, 언제나 우리 남성들을 다스리는 일이 여러분의 운명일 것입니다. 부부의 결합 안에서만 행사되는 여러분의 순결한 힘이 오로지 국가의 영광과 공공의 행복을 위해서만 쓰인다면 우리는 매우 행복할 것입니다. 스파르타에서 여성들이 명령을 내렸던 것처럼 제네바에서도 명령을 내릴 자격이 여러분에게 있습니다. 상냥한 아내의 입에서 나오는 이성과 명예의 목소리에 어떤 야만스러운 남자가 저항할 수 있겠습니까? 그리고 당신들에게서 받은 광채에 의해 당신들의 아름다움을 가장 잘 나타내줄 소박하고 수수한 옷차림을 보고 나서 헛된 사치를 경멸하지 않을 사람이 어디 있겠습니까? 당신들의 상냥하고 천진한 힘과 기지로 나라 안에는 법률에 대한 사랑을, 시민들 사이에는 화합을 항상 유지하게 하며 흩어져 있는 가족들을 행복한 결혼으로 결합시키는 것이 당신들이 할 일입니다. 특별히 여러분은 우리나라의 젊은이들이 다른 나라에 가서 익히는 나쁜 버릇을 설득력 있는 부드러운 훈계와 품위 있는 온화한 대화로 시정해야 할 것입니다. 젊은이들은 외국에서 배울 수 있는 일들이 수없이 많음에도 불구하고 타락한 여자들에게서 익힌 유치한 말투나 우스꽝스러운 태도와 함께 뭔지 모를, 이른바 위대한 것에 대한 찬미만을 가지고 돌아오는데, 그것은 굴종에 대한 보잘것없는 보상에 지나지 않으며 엄숙한 자유와는 결코 견줄 수 없는 것입니다. 그러므로 당신들은 언제나 지금과 같이 미풍양속의 순결한 수호자이자 평화의 부드러운 매개자가 되어주십시오. 그리고 어떤 경우에도 의무와 덕성을 위해 심성과 자연의 권리를 굽힘 없이 주장해주십시오.

이상과 같은 확신에 입각하여 시민들의 공동의 행복과 공화국의 영광에 희망을 건다면, 그것이 어떤 사건에 의해 수포로 돌아가는 일은 결코 없으리라고 저는 믿습니다. 이와 같은 유리한 조건을 모두 가지고 있다 해도 이 공화국이 대다수 사람들의 눈을 멀게 할 만큼 화려하게 빛나는 일은 없을 것입니다. 그런 화려함에 대한 유치하고도 불행한 취미는 행복과 자유의 가장 나쁜 적입니다. 방탕한 젊은이들은 다른 고장에 가서 값싼 쾌락과 오래갈 후회를 찾는 것이 좋을 것입니다. 고상한 취미를 가지고 있다고 자처하는 사람들은 다른 고장에 가서 웅장한 궁전이나 아름다운 환경, 호화로운 가구나 화려한 연극, 그 밖에 나태함과 사치의 온갖 세련된 모습들에 대해 감탄하는 편이 나을 것입니다. 제네바에서는 인간밖에 자랑할 것이 없지만 그것만으로 충분한 가치가 있습니다. 그러므로 그것을 구하는 사람들은 다른 어떤 것을 찬양하는 사람들보다 더 가치 있는 사람들입니다.

진심으로 존경하는 훌륭하신 의원님들, 부디 여러분 모두의 번영에 대해 제가 갖고 있는 관심의 이 정중한 증거를 모두 똑같은 선의로 받아주십시오. 만일 감정을 토로하는 과정에서 불행히도 제가 경솔하게 흥분하여 핀잔받을 짓을 했다면, 진정한 애국자의 따뜻한 애정과 행복한 모습을 보는 기쁨 이상을 바라지 않는 한 인간의 정당하고도 뜨거운 열의를 생각해서 너그러이 용서해주시기 바랍니다.

진심으로 존경하는 훌륭한 의원님들께
여러분의 겸허하고 온순한 봉사자이자 동포 시민
장자크 루소 올림.
1754년 6월 12일, 샹베리에서.

머리말

　　나는 인간의 모든 지식 가운데 가장 유용하면서도 가장 뒤떨어져 있는 것이 바로 인간에 관한 지식이라고 생각한다. 그래서 나는 델포이 신전에 새겨진 글 하나[16]가 지금껏 인간성을 탐구한 사람들의 모든 두툼한 책들보다 중요하고 쉽지 않은 교훈을 담고 있다고 감히 말하고 싶다. 그러므로 이 논문의 주제를 철학이 제안할 수 있는 가장 흥미로운 문제의 하나로, 그리고 우리에게는 불행한 일이지만 철학자들이 해결하기에 가장 까다로운 문제의 하나로 본다. 인간 자체를 알지 못하면 인간들 사이에 존재하는 불평등의 기원을 알 수 없기 때문이다. 게다가 시대와 사물이 지금까지 계속되어오면서 인류의 본원적인 구조 속에서 초래했을 모든 변화 가운데 자연이 만든 그대로의 자기 모습을 어떻게 알아볼 수 있겠는가? 또한 인간의 본질에 관련되는 것과, 환경이나 인간의 진보가 인간의 원시 상태에 덧붙이거나 변화시킨 것을 어떻게 구별할 수 있겠는가? 세월과 바다와 비바람으로 말미암아 너무나 흉해져서 신이라기보다는 오히려 맹수처럼 변해버린 글라우코스Glaucus[17]의 석상처럼. 인간의 영혼은 사회 속에서 끊임없이 되풀이되는 수많은 원인에 의해, 숱한 지식과 오류의 획득에 의해, 그리고 신체의 조직에 생긴 여러 가지 변화와 정념에 가해진 계속적인 충격으로 인해 애초의 모습이 변질되어 알아볼 수 없게 되었다. 그리하여 이제 거기서 찾아볼 수 있는 것은, 언제나 일정하고 불변하는 원리에 의해 행동하는 존재가 아니며 또한 조물주가 인간에게 새겨놓은 저 거룩하고 장엄한 단순성도 아니다. 거기에서는 다만, 이치를 좇고 있다고 믿는 정념과 망상에 빠져 있는 지성의 보기 흉한 대조만이 발견될 뿐이다.

그리고 더욱 견디기 어려운 것은, 인류의 모든 진보가 인간을 끊임없이 원시 상태에서 멀어지게 하기 때문에 우리가 새로운 지식을 축적할수록 모든 지식 가운데 가장 중요한 것을 획득하는 수단이 상실된다는 점이다. 어떤 의미에서는 인간을 연구했기 때문에 인간을 알 수 없는 상태가 되어버렸다는 말이다.

사람들을 구별하는 차이의 기원을 인간 구조[18]의 변화 속에서 찾아야 한다는 것은 누구나 쉽게 알 수 있다. 누구나 인정하는 바와 같이 인간은 본래 서로 평등하다. 그것은 마치 어떤 종류의 동물이든 여러 가지 물리적 원인들이 오늘날 우리가 알고 있는 것과 같은 몇몇 변종들을 발생시키기 전에는 모두 평등했던 것과 마찬가지다. 실제로 이 최초의 변화가 어떤 수단에 의해 일어났건 종의 모든 개체들을 동시에 그리고 같은 방법으로 변질시켰으리라고는 도저히 생각할 수 없다. 어떤 개체는 개량되거나 악화되어 조금도 그 본성에 고유한 것이라 할 수 없는 여러 가지 좋은 성질과 나쁜 성질을 획득하는 데 비해, 어떤 개체는 무척 오랫동안 본래의 상태로 머물러 있었다. 인간들 사이에 생겨난 불평등의 최초의 기원은 이러한 것이었으니, 그것을 일반적으로 증명하는 것이 그 참된 원인을 정확하게 제시하는 것보다는 쉽다.

그러므로 독자들은, 대단히 이해하기 어려운 것을 이해했다고 내가 자만하고 있다고는 생각하지 말기를 바란다. 나는 이치를 따져 몇 가지 생각을 해보기 시작한 것이다. 그리고 문제를 해결하고 싶어서라기보다 문제를 분명히 하여 그것을 올바른 상태로 되돌리려는 의도에서 몇 가지 추측을 감히 해본 것이다. 다른 사람들은 같은 길을 좀더 쉽게 앞질러 갈 수 있을 것이다. 물론 종점에 도달하는 것은 쉬운 일이 아니지만 말이다. 인간이 현재 지니고 있는 성질 속에서 타고난 것과 인위적인 것을 구분하는 것, 또한 더 이상 존재하지 않으며 어쩌면 결코 존재한 적도 없고, 아마 앞으로도 결코 존재하지 않을 듯한 어떤 상태, 그럼에도 우리의 현재 상태를 올바르게 판단하기 위해 정확한 기초 지식을 가질 필요가 있는 그런 상태를 제대로 안다는 것은 결코 쉬운 일이 아니기 때문이다. 이 문제에 대해 확실하게 관찰하기 위해서 미리 어떤 대비를 해야 할 것인가를 분명하게 결정하려는 사람은 일반적으로 사람들이 생각하는 것보다 더 많은 철학을 필요로 할 것이다. 그렇기 때문에 다음 문제에 대한 올바른 해결은 우리 시대의 아리스토텔레스나 플리니우스Gaius Plinius Secundus[19] 같은 사람들이 다룰 만한 것이라고 생각한다. "자연인homme naturel을 알기 위해서는 어떤 실험들이 필요한가? 그리고 사회 속에서 그런 실험을 할 만한 방법으로는 어떤 것들이 있는가?" 내가 이 문제를 해결하려고 시도하는 것은 당치도 않은 일이지만, 그 주제를 충분히 고찰했으니 감히 다음과 같이 미리 답변하는 것은 가능하리라고 생각한다. 즉 아무리 위대한 철학자라 하더라도 그 실험을 지도할 수 있을 만큼 뛰어나지 않으며, 아무리 권세 있는 군주라 할지라도 그 실험을 이행할 만큼 훌륭하지는 못할 것이다. 그리고 유종의 미를 거두기 위해서는 이와 같은 양자의 협력을 기대해서는 안 된다. 특히 그 양측에 인내, 혹은 지식과 선의의 계속적인 협조를 기대해서는 안 된다.

이처럼 어렵고, 오늘날까지 거의 아무도 생각해보지 않은 탐구야말로 인간 사회의 진정한 기초에 대해 알려고 하는 우리의 노력을 가로막고 있는 많은 어려움을 제거할 수 있는 유일한 수단이다. 자연권droit naturel의 참된 정의가 그만큼 불확실하고 애매모호한 것은 인간의 본성에 대한 무지에서 비롯된다. 뷔를라마키Burlamaqui[20] 씨의 말처럼 법의 관념, 특히 자연법의 관념은 분명히 인간의 본성에 대한 관념이기 때문이다. 그는 계속해서 이렇게 말하고 있다. "인간의 이 본성 자체, 인간의 구조와 상태에서부터 이 학문의 원리들을 연역해야 한다."

이 중요한 문제, 즉 자연법에 대해 논의한 저자들 사이에서 거의 의견 일치를 찾아볼 수 없다는 사실을 알게 될 때 놀라움과 분노를 느끼지 않을 수 없다. 가장 진지한 저자들 중에서도 이 점에 대해 같은 의견을 가진 사람은 두 명이 될까 말까 한다. 가장 근본적인 원리에 대해 마치 서로 반대하려고 노력한 것만 같은 고대의 철학자들[21]은 그만두고라도, 로마의 법학자들[22]은 인간과 동물을 구별하지 않고 동일한 자연법에 묶어놓는다. 그들은 자연법이라는 것을 자연이 다른 제삼자에게 명하는 법칙이라기보다 오히려 자연이 자연 자신에게 부과하는 법칙이라고 생각하기 때문이다. 아니 그보다는 법학자들이 '법Loi'이라는 말에 부여하고 있는 특수한 의미 때문이라고 할 수도 있겠다. 이 경우 그들은 법이라는 말을 주로 자연이 생물의 공동의 보전을 위해 모든 생물들 사이에 확립하고 있는 일반적인 관계를 나타낸 것으로 이해하고 있었던 것 같다. 근대의 법학자들[23]은 법이라는 이름 아래 도덕적인 존재, 즉 지적이고 자유로우며 다른 존재와의 관계 속에서 고찰되는 존재에 부과되는 규칙밖에 인정하지 않았다. 그 결과 자연법의 적용 범위는 이성을 부여받은 유일한 동물인 인간에게 국한되었다. 그러나 그들은 자연법을 저마다 자기 식으로 정의하여 매우 형이상학적인 원리 위에 세워놓았기 때문에, 우리들 사이에서 이들 원리를 스스로 발견하는 사람은커녕 그것을 이해할 수 있는 사람조차 거의 찾아볼 수 없을 정도다. 그러므로 이들 학자들의 정의는 언제나 서로 모순되지만 다음과 같은 점에서만은 일치하고 있다. 즉 대단한 이론가나 형이상학자가 아니고서는 자연의 법을 이해할 수도 따를 수도 없다는 것이다. 이는 인간이 사회를 건설하기 위해서는 그야말로 사회 자체 속에서 많은 노력이 필요하고 극소수의 인간들에 의해서만 발달해온 지식을 사용하지 않을 수 없다는 뜻이다.[24]

자연이 무엇인지 거의 모르고 또한 법이라는 말의 의미에 대해서도 거의 일치를 보지 못했으므로, 자연법의 정확한 정의에 합의하기란 매우 어려울 것이다. 그러므로 책에서 볼 수 있는 정의들은 모두 전혀 다를 뿐 아니라, 사람들이 본디 지니고 있지 못한 몇 가지 지식과 사람들이 자연 상태를 벗어난 뒤에야 생각해낼 수 있는 입장에서 도출된 것이라는 문제점을 지니고 있다. 사람들은 공동의 이익을 위해 서로가 적절하게 일치하고 있다고 생각되는 규칙을 찾는 일부터 시작한다. 그 다음 이렇게 모여진 규칙들에다 자연법이라는 이름을 붙인다. 널리 실시해보니 결과가 좋았다는 것 이외에 다른 근거는 없다. 이것이 정의를 만들어내고 거의 터무니없는 일치에 의해 사물의 본성을 설명하는, 매우 편리한 방식임에는 틀림이 없다.

그러나 우리가 자연인에 대해 아는 것이 전혀 없는 한, 자연인이 받아들인 법이나 그의 체질에 가장 적합한 법을 아무리 결정하려 해봤자 헛수고일 뿐이다.[25] 우리가 이 법에 대해 분명히 알 수 있는 것은, 그것이 법이 되기 위해서는 법의 강제를 받는 사람의 의지가 그 법을 의식하고 그것에 복종할 수 있어야 할 뿐 아니라, 그것이 자연적이기 위해서는 그 법이 자연의 소리에서 나와야 한다는 점이다.

그러므로 인간을 이미 완성된 모습으로 보는 방법만을 가르쳐주는 학술 서적을 제쳐두고 인간 영혼의 최초이자 가장 단순한 작용들에 관해 곰곰이 생각해보면, 거기에 이성보다 앞선 두 개의 원리[26]가 있음을 알 수 있을 것이다. 하나는 우리의 안락과 자기 보존에 대해 스스로 큰 관심을 갖는다는 원리이며, 다른 하나는 모든 감성적 존재, 주로 우리 동포가 죽거나 고통을 당하는 것을 보면 자연스럽게 혐오감을 느낀다는 원리이다. 사회성의 원리를 끌어들이지 않더라도 자연법의 모든 규칙들은 우리의 정신이 이 두 가지 원리 사이에서 만들어낼 수 있는 일치와 조합에서 생겨나는 것 같다.[27] 이성이 계속 발달하여 마침내 자연을 질식시켜버리게 되면, 이성은 이 규칙들을 또 다른 기초 위에 세워야 한다.

그러므로 우리가 철학자를 인간으로 만들기 전에 인간을 철학자로 만들 필요는 전혀 없다. 타인에 대한 의무를 지혜의 가르침으로 뒤늦게 깨닫게 되는 것은 아니다. 그리고 인간은 동정심이라는 내적 충동을 억제하지 않는 한, 타인이나 어떤 감성적인 존재에게 결코 해를 입히지 못할 것이다. 자기 보존이 걸려 있어 스스로에게 우선권을 주어야 하는 정당한 경우는 제외하고 말이다. 이 방법에 의해, 동물도 자연법에 관계되느냐 하는 해묵은 논쟁 역시 막을 내리게 된다. 지식도 자유도 없는 동물들이 이 법칙을 알 수 없다는 것은 자명한 이치이기 때문이다. 그러나 동물도 타고난 감성에 의해 어느 정도 우리의 본성과 관련이 있으므로, 우리는 그들도 자연법에 관여하며 인간은 그들에 대해 어떤 의무를 지니고 있다고 판단할 수 있을 것이다. 사실상 내가 동포에게 어떤 종류의 해도 입혀서는 안 된다는 의무를 지니고 있다면, 그 것은 동포가 이성적인 존재이기 때문이 아니라 감성적인 존재이기 때문인 듯하다. 이 같은 특질은 동물과 인간에게 공통된 것이므로, 적어도 동물은 인간에 의해 불필요하게 학대받지 않을 권리를 가지고 있다고 보아야 한다.[28]

본원적 인간homme originel과 그의 참된 욕구, 그리고 그의 의무의 기본적인 원리에 대한 이와 같은 연구야말로 여전히, 도덕적 불평등의 기원이나 정치체corps politique[29]의 진정한 토대, 그 구성원 상호간의 권리, 중요함에도 불구하고 제대로 밝혀지지 않은 또 다른 많은 유사한 문제들에서 발생하는 많은 어려움을 제거하기 위해 사용할 수 있는 유일하고도 유효한 방법이다.

인간 사회를 침착하고 냉정한 눈으로 고찰하면, 그것은 무엇보다도 강자의 폭력과 약자의 억압 상태만을 보여주고 있다고 생각된다.[30] 그래서 인간의 정신은 전자의 냉혹함에 분개하거나 후자의 맹목을 한탄하게 된다. 그리고 인간들 사이에서는 지혜보다는 종종 우연에 의해 조성되고 강약이나 빈부로 칭해지는 저 외면적인 관계처럼 불안정한 것은 없으므로, 인간이 만든 제도는 언뜻 보기에 모래더미 위에 지어놓은 건물처럼 보인다. 인간이 만든 제도라는 건물을 세밀히 검토하고 건물을 싸고 있는 먼지와 모래를 제거해야만 비로소 건물을 받치고 있는 흔들리지 않는 토대를 보게 되고, 그 토대를 존중하는 법을 배우게 된다. 그런데 인간과 인간의 타고난 능력, 그 능력의 계속적인 발전에 대해 깊이 연구하지 않고서는, 결코 현재 사물의 구조 속에서 신의 의지가 만들어낸 것과 인간의 의지의 결과라고 주장되는 것을 구별하거나 가려내지 못할 것이다. 따라서 내가 검토하고 있는 이 중요한 문제가 야기하는 정치적·도덕적 연구는 모두가 유용한 것이며, 여러 가지 정부 형태에 대한 가설적인 역사는 모든 점에서 인간에게 도움이 되는 교훈이다. 우리가 만일 우리 자신을 스스로에게 맡겼더라면 과연 어떻게 되었을까 생각해볼 때, 그 자비로운 손길로 우리의 제도를 바로잡고 그 제도에 흔들리지 않는 지위를 부여하여 만약 그러한 지위를 부여하지 않았다면 일어났을 혼란을 예방하고, 우리를 더욱 비참하게 만들 수도 있었을 수단을 사용하여 우리에게 행복을 가져다주신 분[31]에게 감사하는 법을 배워야 한다.

"신이 그대에게 무엇이 되라고 명했는지, 그리고 그대가 인간 세계에서 어떤 위치를 차지하고 있는지를 배워야 한다."[32]

주석에 대한 일러두기

두서없이 일하는 게으른 습관으로 인해 이 작품에 몇 가지 주석을 달았다. 이 주석들 가운데는 주제에서 동떨어져 본문과 함께 읽기에 그다지 적합하지 않은 것도 간혹 있다. 그래서 나는 그것을 본론 끝으로 돌려, 본론에서는 가능한 한 막힘없이 논의의 요지나 취지를 파악할 수 있도록 배려했다. 다시 한번 이 작품을 읽어볼 용기가 있는 사람들은 이번에는 재미삼아 뭔가를 수색한다는 느낌으로 주석을 훑어볼 수도 있을 것이다. 그 밖의 사람들은 주를 전혀 읽지 않아도 거의 지장이 없을 것이다.

인간 사이의 불평등의 기원과 근거들에 대한 논문

디종 아카데미가 제시한 질문.33
인간 사이의 불평등의 기원은 무엇이며,
불평등은 자연법에 의해 허용되는가?

내가 이야기해야 하는 것은 인간에 대해서이다. 그리고 내가 검토하려는 문제는 내가 인간들을 상대로 말하고자 한다는 것을 나에게 가르쳐준다. 왜냐하면 진리를 존중하기가 두려울 때에는 사람들이 이런 문제를 결코 제기하지 않기 때문이다. 그러므로 나는 나를 이 문제에 초대한 현자들 앞에서 자신 있게 인류를 위해 변호하고자 한다. 그리고 내가 나 자신의 논제와 심사 위원들의 판단에 적합한 인간이 될 수 있다면 나는 내가 한 일을 못마땅하게 여기지는 않을 것이다. 나는 인류에게 두 가지 불평등이 있다고 생각한다.[34] 하나는 자연적 또는 신체적 불평등이라고 부르는 것이다. 이것은 자연에 의해 정해지는 것으로, 나이·건강·체력의 차이와 정신이나 영혼의 자질 차이로 성립된다. 또 다른 불평등은 일종의 약속에 좌우되고, 사람들의 동의로 정해지거나 적어도 용납되는 것으로 도덕적 또는 정치적 불평등이라고 할 수 있나. 후자는 일부 몇몇 사람들이 다른 사람들에게 손해를 끼쳐 누리는 갖가지 특권들, 이를테면 다른 사람들보다 더 부유하다거나 더 존경을 받는다거나 권력을 더 가지고 있다거나 또는 타인을 복종하게 만든다거나 하는 특권들에 의해 성립된다.

인간은 자연적 불평등의 근원이 무엇인지 물을 수는 없다. 이 말의 단순한 정의 안에 이미 어떤 대답이 나타나 있기 때문이다. 이 두 가지 불평등 사이에 어떤 본질적인 관계가 있는가를 찾아보는 것은 더욱더 불가능하다. 이것은 명령을 내리는 사람이 명령에 복종하는 사람보다 반드시 뛰어난 인간인가, 그리고 한 인간에게 육체나 정신의 힘, 지혜나 미덕이 언제나 권력이나 부에 비례하여 주어지는가를 표현만 달리하여 묻는 셈이 되기 때문이다. 이런 것은 주인들이 듣고 있는 가운데 노예들끼리 토론하기에는 좋은 문제일지 모르겠지만, 진리를 탐구하는 이성적이고 자유로운 사람들에게는 적합하지 않은 문제다.

그렇다면 대체 이 논문에서는 정확히 말해서 무엇이 문제인가? 그것은 바로 사물이 진보하는 가운데 폭력에 이어 권리가 생기고 자연이 법에 굴복한 시기[35]를 지적하는 일이다. 그리고 어떠한 기적의 연쇄로 인해 강자가 약자에게 봉사하고, 인민peuple이 현실의 행복을 대가로 하여 관념 속에서 안식을 찾기로 결심했는가를 설명하는 일이다.

사회의 기초를 검토한 철학자들은 저마다 자연 상태까지

거슬러 올라갈 필요를 느꼈다. 그러나 그들 중 어느 누구도 거기까지 도달하지 못했다. 어떤 사람들[36]은 자연 상태의 인간에게 정의와 불의의 관념이 있었다고 추측하기를 주저하지 않았으나, 인간이 이런 관념을 가졌음에 틀림없다는 것과 그 관념이 인간에게 유용했으리라는 것까지 증명해 보일 생각은 하지 않았다. 다른 사람들[37]은 각자 자기에게 속한 것을 간직하려고 하는 자연권droit naturel에 대해 말했으나, 그들은 '속한다appartenir'는 것이 무엇을 의미하는지는 설명하지 않았다. 또 다른 사람들[38]은 우선 강자에게 약자에 대한 권력을 주면 거기서 바로 정부가 생겨난다고 주장했으나, 권력이나 정부라는 말의 의미가 사람들 사이에 알려질 때까지 흘러간 시간에 대해서는 생각하지도 않았다. 끝으로 그들 모두 욕구, 탐욕, 압박, 욕망, 교만 등에 대해 끊임없이 논하기는 했으나, 그것은 자기들이 사회에서 얻은 관념을 자연 상태 속에 옮겨놓은 데 불과했다. 미개인homme sauvage[39]에 대해 운운한 것이 결국 문명인homme civil에 대한 묘사가 되고 말았던 것이다. 우리 시대의 대부분의 철학자들은 자연 상태가 존재했다는 데 대해 의심조차 해보지 않았다. 성서를 읽어보면 분명히 알 수 있는데, 하느님으로부터 직접 지식과 계율을 받은 최초의 인간은 이 같은 자연 상태에 있지 않았다.[40] 그리고 기독교 철학자라면 누구나 그럴 것이듯이 모세의 책[41]을 믿는다면 인간은 대홍수 이전에도 순수한 자연 상태에 있지 않았다고 할 수 있다. 그렇다면 인간은 어떤 기이한 사건에 의해 다시 자연 상태로 떨어진 셈이다. 이것은 변호하기가 대단히 어려우며 전혀 증명할 수 없는 역설이다.

그러므로 우선 이 모든 사실들을 고려 대상에서 제외하도록 하자. 왜냐하면 그것은 우리가 다루고자 하는 문제와 조금도 관계가 없기 때문이다.[42] 우리가 이 문제에 대해 추구할 수 있는 연구는 역사적인 진실이 아니라 다만 가설적이고 조건적인 추론이라고 보아야 한다. 그러한 추론은 사물의 진정한 기원을 증명하기보다 사물의 본성을 해명하는 데 적합하며, 우리의 자연과학자들[43]이 세계의 생성에 대해 날마다 행하고 있는 추론과 유사하다. 종교가 믿으라고 명하는 바에 따르면, 하느님 자신이 만물을 창조하신 직후에 인간을 자연 상태에서 벗어나게 하셨으니, 인간이 불평등한 것은 하느님께서 그렇게 되기를 원하셨기 때문이라고 한다. 만일 인류가 홀로 버려져 있었다면 어떻게 되었을까 하는 문제에 대해 인간과 인간을 둘러싼 존재들의 본성만을 근거로 하여 추측하는 것은 종교도 금하고 있지 않다. 이것이야말로 내게 주어진 질문이며, 내가 이 논문에서 검토하고자 하는 것이다. 주제가 인간 일반과 관계있는 것이므로 나는 모든 나라 사람들에게 적합한 말을 사용하도록 노력할 것이다. 아니 그보다는 내 말을 듣고 있는 사람들만을 생각하기 위해, 아예 시간과 장소를 떠나 내가 지금 아테네의 학원에서 스승들의 가르침을 복습하고 있으며, 플라톤이나 크세노크라테스Xenocrates[44] 같은 사람을 심사 위원으로, 인류를 청중으로 삼고 있다고 가정하려 한다.

　오, 인간이여, 그대가 어느 나라 사람이고 어떤 견해를 가지고 있든 내 말을 잘 들어보라. 내가 이제부터 서술하는 것은 거짓말쟁이인 그대의 동포들이 쓴 책 속에서가 아니라, 절대로 거짓말을 하지 않는 자연 속에서 내가 읽었다고 믿는 그대로의 그대의 역사이다. 자연에서 비롯된 것은 모두가 진실한 것이다. 거짓이 있다면 그것은 내가 본의 아니게 나의 견해를 거기에 섞었기 때문일 것이다. 내가 이제부터 말하려고 하는 시대는 아득히 먼 옛날이다. 그대의 모습은 그때에 비해 얼마나 많이 변했는가? 나는 앞으로, 그대가 자연에게서 받았으며 그대의 교육과 습관이 타락시킬 수는 있었지만 파괴할 수는 없었던 바로 그 자질에 기초하여 그대들 종種의 삶을 표현해보고자 한다. 인생을 살아가다 보면 간혹 저마다 거기서 멈추었으면 하는 시기가 있다. 그러므로 그대에게도 그대의 종이 머물러 있었더라면 하고 생각되는 시대[45]가 있을 것이다.[46] 그대의 불행한 자손들에게 더 큰 불만을 예고하는 이유들 때문에 현재의 상태에 불만을 품고 있는 그대는, 아마 다시 한번 옛날로 돌아가기를 바랄 것이다. 그리고 이러한 감정은 그대의 최초의 조상들을 찬양하게 하고 그대의 동시대인들을 비판하게 하며, 불행히도 그대 뒤에 태어나는 사람들에게는 공포를 불러일으킬 것이다.

제1부

인간의 자연 상태를 제대로 판단하려면, 인간을 그 기원을 통해, 이를테면 종의 최초의 발아를 통해 검토하는 것이 매우 중요하다. 그렇다 하더라도 나는 인간의 계속적인 발전상을 따라 그 신체적인 구조를 추적하지는 않을 것이다. 요컨대 나는 인간이 오늘날과 같은 존재가 되기 위해서 최초에 어떠했는지를 동물적인 해부 구조를 통해 탐구하지는 않을 것이다. 아리스토텔레스가 생각하는 것처럼 인간의 길게 자란 손톱이 애초에는 동물처럼 갈고리 모양의 발톱이 아니었는지, 인간이 곰처럼 털로 뒤덮여 있지는 않았는지, 네 발로 걸어다니는 탓에 시선이 몇 발자국 앞의 지면에 한정되어 있어서 인간의 관념이 가지는 성격과 한계를 동시에 나타내고 있지는 않았는지를 검토하지는 않겠다. 나는 이와 같은 주제에 대해서 막연한, 거의 가공의 추측밖에 할 수 없을 것이다.

비교해부학은 아직 그다지 발달되어 있지 않고 생물학자의 관찰은 너무나 불확실하므로, 이런 토대 위에 추론의 기초를 견고하게 세울 수는 없다. 그래서 나는 이 점에 대해 우리가 갖고 있는 종교적인 학설에 의지하지 않으며, 아울러 인간이 점차 손발을 새로운 용도에 적응시키고 새로운 음식을 먹게 됨에 따라 인간의 외적·내적 구조에 일어났을 변화 또한 고려하지 않을 것이다. 대신 인간은 어떤 시대에도 오늘날과 같이 두 발로 걸어 다니고 현재의 우리와 마찬가지로 손을 사용했으며 자연 전체에 시선을 보내고 하늘의 광대한 넓이를 눈으로 가늠했으리라고 가정할 것이다.47

이와 같이 구성된 존재에게서 그가 받았을지 모를 종교 교육에 의한 신앙으로 축적된 지식과, 오랜 세월에 걸친 진보를 통해서야 비로소 얻을 수 있었던 모든 인위적인 능력을 제거해버린다면, 요컨대 인간을 자연의 손에서 갓 나온 그대로의 상태에서 생각해보면, 나는 거기서 어떤 동물보다는 약하고 민첩하지 못하지만 결국 그 어떤 동물보다 유리하게 조직된 한 동물을 떠올리게 된다. 그는 떡갈나무 아래에서 배불리 먹고 시냇물을 찾아 목을 축이며, 자기에게 먹을거리를 제공해준 바로 그 나무 발치에서 잠자리를 발견한다. 이렇게 함으로써 그의 욕구는 충족될 수 있었다.48

대지는 기름진 자연 그대로 방치되고 도끼에 잘려본 적이 없는 엄청난 숲으로 뒤덮여 모든 동물에게 먹이 창고와 은

신처를 제공한다. 인간은 이런 동물들 사이에 흩어져 살면서 그들이 살아가는 방법을 관찰하고 모방하여 동물의 본능까지 획득한다. 모든 동물은 자기에게 고유한 본능만을 가지고 있지만 인간은 자기만의 어떤 특유한 본능도 갖고 있지 않아서인지 모든 본능을 자기 것으로 만들고 다른 동물들이 서로 나누어 가지는 갖가지 먹이의 대부분을 먹고 살며, 그 결과 어느 동물보다도 쉽사리 자기 생활에 필요한 자원을 찾아낸다는 이점을 가지고 있다.

인간은 어렸을 때부터 혹독한 기후와 매서운 계절 변화에 익숙해졌고 피로를 이겨내도록 단련되었으며 벌거벗은 몸으로 무기도 없이 다른 야수로부터 자기 생명이나 먹이를 지키거나 그들 앞에서 재빨리 도망쳐야 했다. 이리하여 인간은 건장하고 거의 변치 않는 체질을 가지게 되었다. 아이들은 아버지에게서 훌륭한 체격을 물려받고 그 체격을 만들어낸 것과 같은 훈련을 통해 더 강해져, 결국 인류에게 가능한 가장 왕성한 원기를 지니게 되었다. 자연은 그들에게 스파르타의 법률[49]이 시민의 아이들을 다루는 방식과 똑같이 행동한다. 즉 자연은 훌륭한 체격을 가진 자들은 더욱 강건하게 만들고, 그렇지 못한 자들은 모두 도태시켜버리는 것이다.[50] 이점에서 자연은 우리 사회와는 다르다. 우리 사회에서 국가는 아이들을 아버지에게 짐이 되게 함으로써 그들이 태어나기도 전에 무차별적으로 죽여버리고 만다.

미개인이 알고 있는 유일한 도구는 그의 신체이기 때문에 미개인은 신체를 오늘날 우리 신체로는 연습 부족 때문에 할 수 없는 여러 가지 용도에 사용한다. 미개인이 필요에 의해 얻지 않을 수 없었던 이러한 힘과 민첩성을 우리에게서 앗아 간 것은 바로 우리의 생활 기술이다. 만일 미개인이 도끼를 갖고 있었다면 튼튼한 가지를 손목으로 꺾을 수 있었을까? 투석기投石器를 갖고 있었다면 손으로 그처럼 힘차게 돌을 던질 수 있었을까? 사다리를 가지고 있었다면 그처럼 가볍게 나무에 기어오를 수 있었을까? 말이 있었다면 그처럼 빠르게 뛸 수 있었을까? 이런 도구나 기계를 주변에서 모을 만한 시간을 문명인에게 주어보라.[51] 그러면 그는 미개인과 겨루어 쉽사리 이길 것이다. 그러나 만일 힘이 균등하지 않은 또 다른 싸움을 보고 싶다면, 양쪽을 발가벗겨 맨손으로 맞서게 해보라. 그러면 당신은 자기의 모든 힘을 늘 자유롭게 사용할 수 있어 언제 어떤 일에도 대비할 수 있다는 것, 이를테면 늘 자신을 고스란히 지니고 다닌다는 것이 얼마나 유리한가를 곧 알 수 있을 것이다.

홉스의 주장에 의하면, 인간은 본래 용감하여 공격하고 싸우는 것밖에 몰랐다고 한다.[52] 어느 유명한 철학자[53]는 이와 반대되는 의견을 가지고 있다. 그리고 컴벌랜드Richard Cumberland[54]나 푸펜도르프Samuel Freihett von Pufendorf[55]도 그렇게 주장하고 있다. 자연 상태의 인간만큼 겁이 많은 종은 없으

며, 그는 언제나 벌벌 떨면서 작은 소리가 나거나 무엇이 조
금만 움직여도 곧 도망치려 한다는 것이다. 자기가 알지 못
하는 대상에 대해서는 그럴지도 모른다. 그리고 나는 그가
당연히 기대해도 좋은 육체적인 행복이나 불행을 구별할 수
없을 때나 자기가 직면하고 있는 위험에 저항할 수 있는가의
여부를 가늠할 수 없을 경우에는 언제나, 눈앞에 나타나는
모든 새로운 광경에 두려움을 느끼게 되리라는 것을 조금도
의심하지 않는다. 다만 자연 상태에서는 모든 일이 단조롭게
진행되고 토지의 표면도 그곳에 모이는 사람들의 정념이나
변덕에 의해 야기되는, 갑작스럽고 끊임없는 변화를 받는 일
이 전혀 없으므로 위에서와 같은 상황은 거의 발생하지 않는
다고 할 수 있다. 그러나 미개인은 동물들과 어울려 살아가
면서 일찍부터 동물들과 힘을 겨루는 처지에 있었으므로 곧
자기를 동물과 비교하게 된다. 그리고 동물이 힘에 있어서
뛰어난 것 이상으로 자신이 재주에 있어서는 동물보다 뛰어
나다는 것을 깨닫게 되면 그때부터 동물을 두려워하지 않게
된다. 건장하고 날쌔고 용감한 미개인—그들은 모두가 그렇
지만—한 사람을 돌과 적당한 막대기로 무장시켜 곰이나 늑
대와 겨루게 해보라. 그렇게 하면 적어도 위험은 서로 엇비
슷할 것이다. 원래 서로 공격하기를 좋아하지 않는 야수들이
그와 같은 경험을 몇 번 하고 나면, 인간들도 자기들처럼 사
납다는 것을 발견하고 인간을 자진해서 습격하는 일을 그만

두게 될 것이다. 실제로 인간이 가진 재주보다 더 많은 힘을 가진 동물을 생각해보자. 인간은 그런 동물보다는 약하지만 그래도 생존 여부에 있어서는 다른 동물과 같은 입장에 놓이게 된다. 다만 인간의 경우에는 그런 동물들 못지 않게 발이 빠르고 나무 위를 거의 안전한 피난처로 삼을 수 있으므로, 언제 만나도 도망치거나 싸우거나 마음대로 할 수 있다는 이점이 있다. 뿐만 아니라 어떤 동물도 자기를 방어해야 하거나 몹시 굶주렸을 때가 아니면 본래 인간에게 싸움을 걸지 않는 듯하다. 또 어떤 종이 자연의 섭리상 다른 종의 먹이가 되도록 정해져 있음을 말해주는 것과 같은 그런 맹렬한 반감을 인간에게 보이지 않는 듯하다.[56]

동물보다 더 무서운 적으로서 인간이 적절한 방어 수단을 갖지 못하는 상대는 인간의 타고난 연약함, 유년기나 노화, 온갖 종류의 병들이다. 처음 두 가지는 모든 동물에게 공통되지만 마지막 것은 주로 사회 생활을 하는 인간에게 속하는 것으로, 이것은 모두 우리가 약하다는 슬픈 증거들이다. 유년기에 대해서는 다음과 같은 것을 지적할 수 있다. 인간의 어머니는 아이를 어디나 데리고 다닐 수 있으므로 몇몇 동물의 암컷보다 아이 기르기가 훨씬 쉽다. 그러한 암컷은 자기 먹이를 찾는 한편 새끼들에게 젖을 먹여 길러야 하므로 눈코 뜰 새 없이 바쁘게 돌아다녀야 한다. 인간의 어머니가 목숨을 잃게 되면 아이도 함께 목숨을 잃을 위험이 있는 게 사실

이다. 그러나 이러한 위험은, 새끼들이 스스로 먹이를 찾을
수 있게 되기까지 시간이 많이 걸리는 다른 동물에게도 존재
한다. 그리고 인간의 유년기가 동물보다 길다 해도 수명 역
시 그만큼 길기 때문에 그 점에서는 모든 것이 거의 평등하
다. 다만 수유授乳 기간이나 태어나는 새끼의 수에 있어서 다
른 법칙이 있지만, 그것은 내가 다루고자 하는 주제가 아니
다. 몸을 움직이거나 땀을 흘리는 일이 적은 노인들의 경우,
음식에 대한 욕구도 음식을 공급할 수 있는 능력과 함께 줄
어든다. 그들은 미개한 생활 덕분에 통풍성 관절염이나 류머
티즘에 걸리지 않지만, 다른 모든 질병과 달리 노환은 인간
의 힘으로 어찌할 도리가 없으므로, 노인들은 나중에는 자신
이 소멸한다는 사실을 남들이, 아니 거의 자기 자신도 느끼
지 못하는 사이에 사라져간다.

병에 대해서 말하자면, 나는 대부분의 건강한 사람들이 의
술에 대해 떠벌리는 공허하고 잘못된 비난을 되풀이하지는
않을 것이다. 다만 나는 이러한 의술을 정성 들여 연마하고
있는 지역보다 그것을 매우 소홀히 다루고 있는 지역에서 인
간의 평균 수명이 짧다는 결론을 내릴 수 있는 확실한 견해
가 있는가 묻고 싶다.[57] 그리고 의술이 우리에게 제공할 수
있는 치료법보다 우리가 더 많은 병에 걸려 있다면 그것은
무엇 때문일까? 생활에서의 극심한 불평등, 어떤 사람에게
는 지루한 여가가 주어지는가 하면 어떤 사람에게는 과중한

노동이 강요되는 것, 우리의 식욕과 관능적 쾌락을 쉽사리
자극하고 만족시킬 수 있는 재간, 부유한 사람들에게 변비를
일으킬 동·식물성 즙을 제공하여 소화 불량으로 괴롭히기
일쑤인 너무도 희귀한 음식들, 그나마 굶주리기 일쑤지만 경
우에 따라 과식하게 마련인 가난한 사람들의 형편없는 먹을
거리, 그리고 밤샘과 온갖 종류의 무절제, 온갖 정념의 과도
한 흥분, 정신의 피로와 소모, 누구나 경험하며 그래서 영원
토록 영혼을 좀먹는 무수한 비애와 고통.[58] 이것이야말로 우
리가 당하는 불행의 대부분이 우리 자신의 탓이며[59] 따라서
자연이 명령한 소박하고 일정하며 고독한 생활 양식을 간직
했더라면 피할 수 있었으리라 생각되는 고약한 증거들이다.
만일 자연이 우리를 운명적으로 건강하도록 정했다면, 나는
감히 사색은 자연에 위배되는 상태이며 명상하는 인간은 타
락한 동물[60]이라고 주저 없이 확실하게 말하고자 한다. 미개
인의 훌륭한 체력이나 적어도 독한 술로 몸을 망치지 않은
사람들의 훌륭한 체력을 생각해보면, 그리고 그들이 부상과
노쇠 이외에는 거의 병을 모르고 산다는 사실을 알고 보면,
인간의 질병사疾病史는 문명 사회의 역사를 더듬어봄으로써
쉽게 알 수 있을 것이다. 이것은 사실 플라톤의 견해다.[61] 그
는 트로이의 포위전 때에 포달레이리오스와 마카온[62]이 처
방하거나 인정한 몇 가지 약에 대해서, 그 약들이 일으킬 수
있는 여러 가지 병에 대해서 당시의 사람들이 아직 전혀 모

르고 있다고 생각했던 것이다.[63]

　이와 같이 병의 원천이 거의 없었으므로 자연 상태의 인간에게는 약이 거의 필요 없었고 의사는 더더욱 필요가 없었다. 이 점에서도 인류가 다른 어떤 동물보다 조건이 더 나쁘다고 할 수는 없다. 그리고 사냥꾼들이 사냥을 할 때 과연 허약한 동물들을 많이 보게 되는지 아닌지를 알아내는 것은 쉽다. 심한 상처를 입었거나 뼈나 다리마저 부러졌을 경우에도 시간 외에는 이렇다 할 의사도 없고 일상 생활 외에는 아무런 식이요법도 없이 치유된 동물들을 사냥꾼들은 자주 목격할 수 있다고 한다. 이들 동물들은 절개 수술로 고통받거나 약물에 중독되거나 단식으로 기진맥진하는 일 없이 완전히 치유되었던 것이다. 요컨대 적절히 처방된 의학이 우리에게 아무리 유용하다 하더라도, 자연 치유 외에는 아무것도 기대할 수 없는, 병들어 혼자 버려진 미개인이 자기의 병 외에는 아무것도 두려워하지 않게 되는 경우와 비교해볼 때 미개인의 처지가 우리보다 오히려 낫다는 것은 틀림없는 사실이다.

　그러므로 우리가 눈앞에 보고 있는 인간과 지금 말하고 있는 미개인을 혼동하지 않도록 조심해야 한다. 자연은 자기가 돌보아야만 하는 모든 동물들을 특별히 보살핀다. 그것은 마치 자연이 이 권리를 얼마나 소중히 여기고 있는가를 보여주는 듯하다. 말이나 고양이, 황소, 심지어 당나귀조차 집에 있을 때보다는 숲속에 있을 때 대체로 키가 크고 체격이 좋고

기운차며 힘도 세고 용맹스럽다. 그러나 가축이 되면 이러한 장점의 절반은 잃고 만다. 그리고 이 동물들을 소중히 돌보며 키우려는 우리의 모든 노력은 오히려 그들을 퇴화시키는 결과를 초래한다고 해도 과언이 아니다. 인간의 경우도 마찬가지다. 사회화하고 노예화한 인간은 연약하고 겁이 많아지며 비굴해진다. 게다가 나약하고 여성화된 생활 양식은 인간의 힘과 용기를 완전히 무기력하게 만든다. 야생의 상태와 길들여진 상태를 비교해보면 인간들 간의 차이가 동물들 간의 차이보다 큰 것이 사실이다. 인간과 동물은 자연에 의해 동등한 대우를 받으므로 인간 스스로가 그가 길들이는 동물보다 그 자신에게 더 많은 편의를 제공하는 것은 그만큼 인간을 더욱 타락시키는 특별한 원인이 되기 때문이다.

그러므로 발가벗은 채 집도 없이 산다거나 그 밖에 지금의 우리가 그처럼 필요하다고 믿고 있는 갖가지 무용지물들을 소유하지 않았다고 해서 최초의 인류가 불행하다고는 말할 수 없으며, 그들 자신을 보존하는 데 큰 장애가 된다고는 더더욱 말할 수 없다. 피부에 털이 많지 않더라도 따뜻한 지방에서는 문제가 되지 않으며 추운 지방에서는 짐승의 털가죽을 자기 것으로 하는 법을 곧 배우게 된다. 인간은 달릴 때 두 다리로만 뛰지만, 자기 방어와 욕구를 충족시킬 수 있는 두 팔을 가지고 있다. 인간의 아이들은 더디고 어렵게 걸음마를 익히게 된다. 그러나 어머니가 아이들을 안고 다니는 데는 별다른 어려움이 없으며, 이것은 어미가 쫓기게 될 때 새끼를 버리거나 새끼들에게 보조를 맞춰야 하는 다른 동물에게서는 볼 수 없는 장점이다.[64] 나중에 다시 언급할 생각이지만, 요컨대 결코 일어나지 않을 수도 있었던 저 특이하고 우연한 상황의 일치를 가정하지 않는 한, 옷이나 집을 처음으로 만들어낸 사람은 사실상 별로 필요하지 않은 것을 만들어낸 셈이다. 왜냐하면 그는 그때까지 옷이나 집 없이도 그럭저럭 살아왔으며, 게다가 어려서부터 견뎌온 생활 양식이 어른이 되니까 견디기 힘들다고 하는 것은 합당한 이유가 될 수 없기 때문이다.

혼자 살면서 아무 일도 하지 않고 언제나 위험에 직면해 있는 미개인은, 거의 생각하는 일이 없으며 생각하지 않을 때엔 언제나 졸고 있다고 할 수 있는 동물들처럼 잠자기를 좋아하고 잠귀도 밝았을 것이다. 미개인들에게는 보존이 그들의 가장 중요하고도 유일한 관심거리였으므로 그들은 먹이를 구하기 위해서나 다른 동물의 먹이가 되지 않도록 스스로를 보호하기 위해서 공격과 방어를 주된 목적으로 삼는 그런 능력을 길렀을 것이다. 반대로 나약함과 정욕에 의해서만 비로소 완성되는 기관器官은 조잡한 상태에 머물러 있었을 것이며, 이 때문에 그의 마음에는 어떠한 섬세한 감정도 들어설 여지가 없었을 것이다. 이 점에서 그의 감각은 분열되어 촉각과 미각은 극도로 거칠어지는 반면, 시각과 청각과 후각은 대단히 예민해졌을 것이다. 이것은 일반적으로 볼 수 있는 동물의 상태이며, 여행가들의 보고에 의하면 대부분의 미개 민족이 처해 있는 상태이기도 하다.[65] 그러므로 희망봉의 호텐토트인들이 네덜란드인들이 망원경으로나 볼 수 있는 먼 바다의 배를 육안으로 볼 수 있다고 해서 놀랄 것도 없고, 또 아메리카의 미개인들이 가장 뛰어난 개들처럼 발자국 냄새를 맡아 스페인 사람을 알아낸다고 해서 이상할 것도 없다. 이 모든 야만 민족이 벌거숭이 생활에 아무런 고통을 느끼지 않으며 고추로 미각을 자극하거나 유럽인의 술을 물처럼 마신다고 해서 놀랄 것도 없다.

지금까지 나는 물리적인 인간만을 고찰했다. 이제 인간을 형이상학적이고 도덕적인 측면에서 생각해보려 한다.

우선 나는 모든 동물을 하나의 정밀한 기계로밖에 보지 않는다.[66] 자연은 그 기계가 스스로 작동할 수 있도록, 또한 그것을 고장 내거나 파괴하려는 경향이 있는 모든 것에 대하여 어느 정도까지는 스스로를 지킬 수 있도록 감각이라는 것을 부여했다. 나는 인간이라는 기계도 마찬가지라고 본다. 다만 동물의 활동에서는 자연만이 오로지 모든 것을 행하는 데 반해 인간은 자유로운 주체로서 자연의 활동에 협력한다는 것이 다를 뿐이다. 즉 동물은 본능에 따라, 인간은 자유로운 행위에 따라 취사 선택을 하게 된다.[67] 이로 말미암아 동물은 자기에게 정해진 규칙에서 벗어나는 것이 자기에게 아무리 유리해도 그렇게 할 수 없으나 인간은 자신에게 해로워도 종종 그 규칙을 벗어나 행동한다. 그리하여 비둘기는 제일 좋은 고기가 가득 담긴 그릇 옆에서도 굶어 죽기 일쑤고, 고양이는 수북이 쌓인 과일이나 곡식 위에서도 굶어 죽기 일쑤다. 먹을 엄두만 내면 그들이 경멸하는 음식으로 얼마든지 살아갈 수 있을 텐데도 말이다. 이와 달리 방종한 인간은 절제하지 못한 탓에 열병이나 죽음에 이르게 된다. 정신이 감각을 변질시키고 자연이 침묵하고 있을 때에도 의지는 여전히 작용하기 때문이다.

모든 동물은 감각을 가지고 있으므로 관념 또한 가지고 있다. 어느 정도까지는 그 관념들을 조합하기도 한다. 이 점에서 인간과 동물은 약간의 차이가 있을 뿐이다. 몇몇 철학자들[68]은 인간과 동물의 차이보다 인간들 간의 차이가 더 크다고 주장하기까지 했다. 그러므로 인간을 동물과 구별 짓는 것은 지성이라기보다는 인간의 자유로운 주체로서의 특질이다. 자연은 모든 동물에게 명령하고 동물은 이에 따른다. 인간도 같은 영향을 받는다. 그러나 인간은 복종하느냐 저항하느냐의 선택에서 자신이 전적으로 자유로움을 인식한다. 인간 영혼의 정신성이 드러나는 것은 무엇보다도 이런 자유의 의식을 통해서였다. 물리학이 감각 기제와 관념의 형성을 어느 정도 설명해주고 있지만 의지의 힘, 아니 좀더 정확히 말해 선택의 힘과 이 힘의 자각 속에서는 역학力學의 법칙만으로는 아무것도 설명할 수 없는 순전히 영적인 행위만을 발견할 수 있기 때문이다.

그러나 이러한 모든 문제를 둘러싸고 있는 여러 가지 어려움 때문에 인간과 동물의 차이에 대해 좀더 논의의 여지가 남아 있다 하더라도, 나는 양자를 이렇게 구별해도 아무도 이의를 달지 못할 또 하나의 매우 특수한 성질을 들지 않을 수 없다. 그것은 바로 자신을 개량하고 변화시킬 수 있는 가능성이다. 인간은 환경의 도움을 얻어 다른 모든 능력을 점차 발전시켜가는 이러한 가능성을 종의 차원에서와 마찬가지로 개인적 차원에서도 소유하고 있다. 동물은 태어난 지 몇 달 후면 일생 동안 변치 않을 모습을 지니게 되며, 천 년의 세월이 흘러도 그 종의 최초 모습과 별 차이가 없다. 어째서 인간만이 쉽사리 어리석어지는 것일까? 그것은 인간이 이와 같이 하여 원시 상태로 돌아가기 때문이 아닐까? 즉 동물은 아무것도 얻지 못했으므로 잃는 것도 없이 언제까지나 자신의 본능 그대로 있는 반면에 인간은 노쇠와 그 밖의 사고로 말미암아 그의 완성 가능성[69] 덕분에 얻게 된 모든 것을 잃어, 동물보다 더 저속한 상태로 다시 떨어지기 때문이 아닐까? 인간과 동물을 분명히 구별하는 거의 무제한적인 이 가능성이 인간의 모든 불행의 근원이며, 평온하고 순진무구한 나날이 계속되는 저 원초적인 상태로부터 시간의 흐름과 더불어 인간을 이끌어낸 것도 바로 이 가능성이다. 그리고 인간의 지식과 오류, 악덕과 미덕을 몇 세기 동안의 흐름 속에서 부화시켜 드디어 인간을 자기 자신과 자연에 대한 폭군으로 만드는 것도 바로 이 가능성이다. 이러한 사실을 인정해야 하는 것[70]은 우리에게 매우 유감스러운 일이 아닐 수 없다. 오리노코 강[71] 연안의 주민들이 자기네 자녀들의 관자놀이에 대는 판자를 어디에 어떻게 사용해야 하는지를 처음으로 그 주민에게 제시해준 사람을 은인으로 찬양해야 한다는 것은 실로 끔찍한 일이라 생각된다. 적어도 그 판자는 어린 이들의 어리석음과 본래의 행복 일부를 그들에게 보증하고 있기 때문이다.

자연에 의해 오직 본능에만 맡겨진 미개인, 좀더 정확하게 말하면 그들에게 결핍되어 있을지도 모르는 본능을 우선 보충하고 이어서 그 자신을 자연 이상으로 훨씬 높일 수 있는 능력으로 보강하는 미개인은 처음에는 오로지 동물적인 기능들부터 수행하기 시작할 것이다.[72] [73] 즉 처음에는 알아차리고apercevoir 느끼는sentir 기능만을 할 수 있는데, 이러한 상태는 다른 동물들과 공통된다고 할 수 있다. 새로운 상황이 조성되어 새로운 발전이 일어나기 전까지는 의지를 발동하는 것vouloir과 발동하지 않는 것ne pas vouloir, 욕망을 갖는 것désirer과 두려움을 느끼는 것craindre이 그들 영혼이 수행하는 최초이자 거의 유일한 작용이 될 것이다.

인간성을 탐구하는 자들이 뭐라고 하든지 인간의 지성은

정념의 도움을 많이 받고 있으며 누구나 알다시피 정념도 지성의 도움을 많이 받고 있다. 우리의 이성이 완성되는 것은 바로 이 양자의 활동에 의해서다. 우리가 무엇을 알고자 connaître 하는 것은 그것을 즐기기를 원하기 때문이다. 욕망도 두려움도 느끼지 않는 자가 무엇 때문에 애써 이치를 따지려고 하겠는가? 정념도 우리의 욕구에서 비롯되며 우리의 지식을 통해 진보해간다. 인간은 단지 자기가 가질 수 있는 관념에 의거해서, 혹은 자연의 단순한 충동에 의해서만 사물을 욕망하거나 두려워할 수 있기 때문이다. 그런데 미개인은 모든 종류의 지식을 결여하고 있으므로 이 마지막 종류의 정념들밖에 경험하지 못한다. 그들의 욕망은 육체적인 욕구를 초월하지 못한다. 그들이 세상에서 알고 있는 행복은 음식과 이성異性과 휴식뿐이다. 그들이 두려워하는 불행은 고통과 굶주림뿐이다. 나는 고통이라고 말할 뿐 죽음이라고 말하지 않았다. 동물은 죽는 것이 무엇인지 결코 알지 못할 것이기 때문이다. 죽음과 그 공포에 대한 지식이란 인간이 동물적인 상태에서 벗어났을 때 비로소 얻게 되는 것들 중의 하나다.74

필요하다면 나는 세계의 모든 국민nation에게 정신의 진보는 국민이 자연으로부터 받았거나 상황에 따라 국민에게 강요된 필요에 정확하게 비례하며 따라서 그러한 필요를 충족시키도록 재촉하는 정념에 비례한다는 사실을 통해 이러한 감정을 어렵지 않게 입증할 수 있을 것이다. 나는 그것을 나

일 강의 범람으로 말미암아 여러 가지 기술이 발달해 널리 퍼진 이집트의 예로 증명할 수 있으며, 그리스인들에게서 볼 수 있는 여러 가지 기술의 진보 과정을 통해서도 입증할 수 있을 것이다. 나는 그리스의 경우 그런 기술이 에우로타스 강의 비옥한 연안에서는 뿌리를 내리지 못한 데 반해 아티카의 사막이나 바위 사이에서는 무럭무럭 자라나 비약적으로 발전한 것에 주의를 기울일 것이다. 그리고 마치 자연이 땅에 주기를 거절한 비옥함을 정신에게 줌으로써 사물을 평등하게 만들려고 한 것처럼, 북방의 여러 민족이 부지런하지 않고서는 배겨날 수 없기 때문에 남방의 여러 민족들보다 대체로 더 부지런하다는 사실[75]을 지적하고 싶다.

그러나 확실치 못한 역사상의 증거를 떠올리지 않더라도, 모든 것이 미개인들로 하여금 미개인임을 포기하게 하려는 유혹과 수단들에서 벗어나게 하려는 것만 같다는 사실을 과연 누가 모르겠는가? 그들의 상상력은 아무것도 묘사하지 못하며 그들의 마음은 자신에게 아무것도 요구하지 않는다. 그들의 자질구레한 필수품은 손이 쉽게 닿는 곳에 있으며, 그들은 더 높은 지식을 얻기 위해 필요한 정도의 지식에서는 너무 멀리 있기 때문에 선견지명도 호기심도 지닐 수 없다.[76] 자연의 광경은 너무나 눈에 익숙하여 그들의 관심을 끌지 않게 된다. 자연은 언제나 같은 이치에 따라 움직이고 같은 주기로 되풀이된다. 미개인은 매우 기이한 것에도 놀라지 않는다. 그러므로 일상적으로 보아온 것을 집중적으로 관찰하기 위해서 인간이 필요로 하는 철학을 그들에게 요구해서는 안 된다. 그 어떤 것으로도 동요시킬 수 없는 그들의 마음은 오직 눈앞의 자기 생존에 대한 생각에만 몰두하여 곧 닥쳐올 미래의 일에 대해서는 관심이 없다. 그리고 그들이 세우는 계획은 그들의 시야와 마찬가지로 좁아 기껏해야 그날 하루에 대한 것일 뿐이다. 오늘날에도 카리브 사람의 선견지명이란 여전히 이 정도다. 그는 밤에 필요하리라는 생각을 못하고 아침에 자기 솜이불을 팔아버리고, 저녁이 되면 눈물을 글썽거리며 그 이불을 다시 사들인다.

이 문제에 대해 깊이 생각할수록 우리 눈에는 순수한 감각에서 가장 단순한 지식까지의 거리가 점점 더 멀어 보인다. 그리고 인간이 의사소통의 도움이나 필요한 자극도 없이 자기 힘만으로 이처럼 큰 간격을 뛰어넘는 일이 어떻게 가능할 수 있었는지 상상조차 할 수 없다. 인간이 하늘의 불〔태양〕이외의 불을 보기까지 얼마나 많은 세월이 흘렀던가! 인간이 불이라는 원소의 가장 흔한 용법을 배우기까지 또 얼마나 많은 갖가지 우연이 필요했던가! 불 피우는 기술을 획득하기까지 몇 번이나 불을 꺼뜨렸던가! 그리고 얼마나 많은 사람들이 그 비결을 알리지 못한 채 그것과 함께 사라지고 말았던가! 농업의 경우는 어떤가. 농업은 많은 노동과 선견지명을 필요로 하며 다른 많은 기술과 관련돼 있다. 그것은 적어도

한 사회가 구성되어 있지 않으면 실행이 불가능한 기술이며, 대지가 식량을 공급하는 데 없어도 그만인 그런 기술이 아니라 대지로 하여금 우리의 입맛에 가장 적합한 식량을 생산케 하는 데 소용되는 기술이다. 그런데 가령 인구가 크게 증가하여 자연의 생산물만으로는 인간을 더 이상 먹여 살릴 수 없게 되었다고 가정해보자. 이 가정은 그러한 생활 양식이 인류에게 대단히 유리하다는 것을 보여준다. 아울러 다음과 같은 경우도 가정해보자. 대장간도 공장도 없이 농기구들이 하늘에서 떨어져 미개인의 손에 주어지고, 이들 모두가 쉴새 없이 계속되는 노동에 대해 느끼는 증오감을 극복하여, 자기들에게 필요한 것을 일찌감치 예견할 줄 알며, 땅을 갈고 씨를 뿌리고 나무를 심는 방법을 터득하고 밀을 빻고 포도를 발효시키는 법을 발견했다고 가정해보자. 물론 이러한 모든 일들을 그들 스스로 배웠다고는 생각할 수 없으므로 그들은 신들에게서 배워야만 했을 것이다. 어쨌거나 위와 같은 상황이 된다면, 수확기에 맞추어 가장 먼저 온 자—그것이 인간이건 짐승이건 간에—가 모두 수확해버릴 밭을 애써 경작할 정도로 어리석은 인간이 어디 있을까? 자기가 필요로 하면 할수록 노동의 대가는 획득하기 더 어려운데 누가 그런 고된 노동에 일생을 바치려고 마음먹겠는가? 요컨대 토지가 그들 사이에 분배되어 있지 않는 한, 다시 말해서 자연 상태가 조금도 소멸되어 있지 않는 한, 어떻게 그 같은 상황에서 낭을 경작할 마음이 생기겠는가?[77]

여기서 우리는 철학자들이 우리에게 가르쳐주는 것 못지않게 생각하는 기술에 능란한 한 사람의 미개인을 가정해보자. 철학자들의 예를 따라 그 미개인을 한 사람의 철학자로 간주하고, 이 미개인이 혼자서 가장 숭고한 진리를 발견하고 질서 일반에 대한 사랑이나 그 창조자의 의지에서 비롯된 정의와 이성의 원칙을 아주 추상적인 추론을 통해 생각해낸다고 하자. 간단히 말해 지혜와 지식을 갖추고 있는, 실제로 우직함과 어리석음 못지 않게 이런 것들을 갖추고 있는 미개인을 상정한다 하더라도, 다른 사람에게 전할 수 없고 또 그것을 생각해낸 개인과 함께 소멸해버리는 이와 같은 형이상학에서 인류가 어떤 이득을 얻어낼 수 있겠는가? 동물들과 함께 숲속에서 뒤섞여 있는 인류가 어떻게 진보할 수 있겠는가? 일정한 거처도 없고 상대방을 필요로 하지 않으며 평생 한두 번 만날까 말까 하여 서로 알지도 못하고 말한 적도 없는 사람들이 얼마나 스스로를 완성시키고 서로를 일깨워줄 수 있겠는가?

말parole을 사용함으로써 우리가 얼마나 많은 관념을 얻고 있으며, 문법이 얼마나 정신의 작용들을 잘 훈련하고 촉진시키는지를 생각해보라. 그리고 인간이 최초로 언어를 발명하기 위해 쏟았을 것이 분명한 엄청난 노력과 무한한 시간을 생각해보라. 또한 이와 같은 생각을 앞서 했던 생각에 결부시켜보라. 그러면 인간의 정신 속에서 언어가 이룩할 수 있었던 갖가지 작용들을 계속해서 발전시키기 위해서는 숱한 세기가 필요했으리라는 사실을 알게 될 것이다.

여기서 언어의 기원[78]에 대한 몇 가지 곤란한 점들을 잠시나마 생각하도록 허락해주길 바란다. 나는 여기서 나의 모든 의견을 완전히 확인해주고 또한 그 최초의 개념을 불어넣어준 콩디야크Étienne Bonnot de Condillac[79] 신부의 이 문제에 관한 연구를 인용하거나 되풀이하는 것으로 그치려고 한다. 그러나 이 철학자가 기호signes 설정의 기원에 대해 스스로 제기했던 문제점을 해결하는 방법을 생각하면, 그는 내가 의문시하고 있는 점, 즉 언어의 발명자들 사이에 이미 일종의 사회가 성립되어 있었다는 점을 가정하고 있음을 알 수 있다.[80] 따라서 나는 그의 고찰을 참고하면서도 그가 제기한 것과 같은 문제점을 나의 주제에 적합한 각도에서 설명하기 위해 여기에 나 자신의 고찰을 첨가하고자 한다. 맨 처음에 부딪치는 어려움은, 어떻게 하여 언어가 필요하게 되었는지를 생각해보는 것이다. 사람들 사이에 아무런 의사소통도 없고 그 필요성도 전혀 없었다면, 다시 말해 언어의 발명이 불가피한 것이 아니었다면 그 발명의 필요성이나 가능성도 생각할 수 없기 때문이다.[81] 나도 다른 많은 사람들과 마찬가지로 아버지와 어머니 그리고 아이들 사이의 가족적인 교류에서 언어가 생겨났다고 말하고 싶다. 그러나 이것만 가지고서는 반론

反論에 대한 해결책을 조금도 제시하지 못하며, 이미 일부 사람들이 저지른 오류를 다시 밟게 된다. 그것은 자연 상태에 대해 추론할 경우 사회 속에서 얻은 관념들을 결부시켜, 가족은 언제나 같은 집안에 모여 있다고 생각하고, 동시에 그 구성원들이 여러 공통된 이해 관계에 따라 결합되어 있는 우리의 가족들에게서 볼 수 있는 바와 같이 친밀하고 영속적인 결합을 서로 유지하고 있다고 생각하는 사람들을 두고 하는 말이다. 그런데 원시 상태에서는 이와 달리 집도, 오두막도 없고 어떤 종류의 재산도 없이 각자 우연한 기회에, 그리고 대개 하룻밤을 지내기 위해 거처를 정하곤 했다. 그리하여 남성과 여성은 기회가 있을 때마다 욕망에 따라 우연히 결합했으므로, 그들이 서로 주고받고자 했던 이야기를 대변하는 데 말이 반드시 필요한 것은 아니었다. 그들에게는 헤어지는 일 역시 쉬운 일이었다. 어머니는 맨 처음에 자신의 필요 때문에 아기에게 젖을 먹였다. 그 다음 젖을 먹이는 습관이 붙게 되자 점차 자식들이 귀엽게 생각되어 이번에는 아이들을 위해 젖을 먹이게 되었다. 아이들은 자라서 자신들의 먹이를 찾아낼 만한 힘을 갖게 되자 곧 어머니 곁을 떠났다. 그리고 서로 멀어지지 않는 것 외에는 다시 만날 방법이 거의 없었기 때문에 마침내 그들은 서로 알아보지도 못하게 되었다. 더욱 주의할 점은, 아이는 자신이 필요로 하는 모든 것을 설명해야 하기 때문에 어머니가 아이에게 할 말보다는 아이가 어머니에게 할 말이 많았다는 사실이다. 따라서 언어를 발명하기 위해 더욱 많이 노력해야 하는 것은 아이 쪽이었으며 사용한 언어는 거의가 아이들 자신이 만들어낸 것이었다. 그 결과 언어는 사용자 수만큼 늘어났으며, 게다가 어떤 독특한 관용어법idiom에 대해 뿌리를 내릴 시간을 주지 않는 떠돌이 생활이 이를 더욱 조장하게 되었다. 왜냐하면 아이가 어머니에게 어떤 것을 요구하기 위해 사용해야 하는 말을 어머니가 가르쳐준다고 해도, 그것은 이미 형성된 언어를 어떻게 가르칠 것인가는 보여줄지언정 언어 자체가 어떻게 형성되는가는 조금도 가르쳐주지 않기 때문이다.

이 첫 번째 어려움이 일단 극복되었다고 가정하자. 순수한 자연 상태와 언어의 필요 사이에 존재했을 넓은 간격을 잠시 뛰어넘어보자. 그리고 일단 언어가 필요했다고 가정하고 이제 어떻게 해서 그것이 확립되었는가를 살펴보자. 이것은 앞의 것보다 더욱 까다로운 문제다. 생각하는 법을 배우기 위해 말이 필요했다면, 사람들은 말하는 기술을 발견하기 위해 생각하는 법을 배워야 했을 것이기 때문이다. 그리고 어떻게 해서 인간의 음성이 우리의 관념을 관습적으로 대변하는 것으로 간주되었는가를 이해한다고 하더라도, 관념—관념은 감지될 수 있는 대상을 갖지 않으므로 몸짓이나 음성으로는 나타낼 수 없다—을 관습적으로 대변한다는 것이 과연 무엇일 수 있었던가를 알아내는 일은 여전히 남을 것이다. 그러므로 사상을 전달하여 정신과 정신 사이의 교류를 확립하는 기술의 발생에 대해서는 그럴듯한 추측들을 겨우 할 수 있을 따름이다. 이 숭고한 기술은 비록 그 기원에서는 멀리 떠나 있지만 철학자들은 그것이 완성되기까지 아직도 엄청난 거리가 있다고 보기 때문에, 설사 시간의 흐름에 따라 필연적으로 생겨나는 변화가 이 기술을 위하여 정지된다 하더라도, 또한 그릇된 편견이 학계에서 사라져버리거나 그 앞에서 침묵하며 아울러 학계가 몇 세기에 걸쳐서 이 까다롭기 짝이 없는 대상에 끊임없이 전념할 수 있다고 하더라도, 이 기술이 언제 완성될 것이라고 단언할 만큼 대담한 사람은 아무도 없다.

인간에게 고유한 최초의 언어, 가장 보편적이고 가장 강력한 언어, 즉 모여든 사람들을 설득하는 데 쓰이기 전에 인간에게 필요했던 유일한 언어는 '자연 그대로의 외침le cri de la nature'82이었다. 이 외침은 큰 위험에 닥쳤을 때 도움을 청하거나 심한 고통을 당했을 때 위로를 요청하기 위해, 절박한 상황에서 일종의 본능에서 나오기 때문에, 더욱 절제된 감정이 지배하는 일반적인 생활의 흐름 속에서는 그다지 필요하지 않았다. 인간의 관념이 더욱 확대되고 증가하기 시작하여 사람들 사이에 더욱 긴밀한 의사소통이 이루어지자 사람들은 더 많은 기호와 더 광범위한 언어langage를 찾으려 애썼다. 그들은 음성 어조의 변화를 증가시켰고 거기에 몸짓83까지 덧붙였다. 몸짓은 본래 훨씬 더 표현적이며, 의미에 있어서 이전의 결정에 의존하는 정도가 적다. 즉 그들은 눈에 보이는 움직이는 사물은 몸짓으로 표현하고, 귀에 들리는 것은 그것과 흡사한 소리로 표현했다. 그러나 몸짓은 눈앞의 묘사하기 쉬운 대상과 눈에 보이는 행위들만 표현할 수 있을 뿐 어둠 속이나 다른 물체에 가려져 있는 것에 대해서는 쓸모가 없다. 또한 몸짓은 주의를 불러일으키기보다는 주의를 강요하는 것이어서 일반적으로 사용되지 못하므로, 사람들은 마침내 몸짓 대신에 음성을 분절articulation하여 발음하는 것을 생각해내게 되었다. 이러한 음성의 분절은, 몇몇 관념들과는 동일한 관계를 갖지 않았지만, 확립된 기호로서 그 관념들 모두를 표현하는 데는 몸짓보다 더욱 적합했다. 이와 같은 대치代置는 모두의 동의에 의해서만 이루어질 수 있었으며, 또한 아직 훈련을 전혀 거치지 않아 조잡한 기관을 가지고 있던 사람들에게는 실행하기가 매우 어려울 뿐만 아니라 그 자체로서는 더욱 이해하기 힘든 방식에 의해서만 행해질 수 있었다. 왜냐하면 이러한 전원 일치의 동의에는 적절한 동기가 있어야 하며, 말의 사용을 확립하기 위해서는 말이 절실히 필요하다는 것을 자각해야만 하기 때문이다.

사람들이 사용한 최초의 단어는 사람들의 정신 속에 이미 형성되어 언어로 쓰이고 있는 단어보다 훨씬 광범위한 의미를 지녔던 것이라 생각되며, 또한 언술言述을 문법석 기능

에 따라 분류된 단어의 범주로 분류할 줄 몰랐으므로 그들은
우선 각각의 단어에 절節84 전체의 의미를 부여했을 것이라
고 단정하지 않을 수 없다. 그들이 주어와 속사attribut, 동사
와 명사를 구별하기 시작했을 때―이것만도 상당한 재능을
발휘하여 노력한 결과이지만―처음에는 실사實辭 속에 고
유명사밖에 없었으며 부정법infinitif이 동사의 유일한 시제였
다. 형용사에 대해 말하면, 그 개념은 큰 어려움을 겪은 끝에
겨우 발달했을 것이다. 왜냐하면 모든 형용사는 추상적인 단
어이며 추상화抽象化는 많은 노력이 필요한, 자연적이라고는
할 수 없는 작용이기 때문이다.

　각각의 사물은 그 속屬이나 종種에는 관계없이 특정한 이
름을 가졌다. 그 이름을 처음에 고안한 사람들은 그런 것을
구별할 능력이 없었기 때문이다. 그리고 모든 개체는 마치
자연의 화면에서 보는 바와 같이 고립된 것으로 그들의 정신
에 나타났을 것이다. 가령 한 그루의 떡갈나무가 A라고 불렸
다면 다른 떡갈나무는 B라고 불렸다.85 그러므로 지식이 한
정되어 있을수록 개인의 총 어휘dictionnaire는 점점 확대되어
갔다. 이러한 분류법nomenclature 전체에 따르는 불편은 쉽사
리 제거되지 않았다. 여러 가지 존재를 공통된 총칭에 따라
배열하기 위해서는 그런 존재의 특성과 차이를 알아야 했기
때문이다. 관찰과 정의定義, 다시 말하면 그 시대의 사람들이
지닐 수 있는 것보다 훨씬 폭넓은 박물학과 형이상학이 필요

했던 것이다.[86]

　뿐만 아니라 일반적인 관념은 단어의 도움을 받지 않고서는 인식될 수 없으며, 특히 지적 능력은 절들에 의지하지 않고서는 일반적인 관념을 파악할 수 없다. 동물이 그와 같은 관념을 형성할 수 없고 그 관념들에 달려 있는 완성 가능성을 얻을 수 없는 이유 하나가 바로 여기에 있다.[87] 한 마리의 원숭이가 일말의 망설임도 없이 하나의 호두에서 다른 호두로 옮겨가면서 이런 열매에 대한 일반적인 관념을 갖고 그 원형을 이 두 개의 개체와 비교하고 있다고 생각할 수 있을까? 분명히 그렇지 않다. 다만 원숭이가 호두를 보자 다른 한쪽 호두에서 받은 감각이 기억으로 되살아나, 어느 정도 변모된 그 원숭이의 눈이 장차 받아들이게 될 변화를 그의 미각에 알리고 있을 뿐이다. 모든 일반적인 관념은 순전히 지적인 것이다. 거기에 조금이라도 상상이 섞이면, 그 관념은 곧 개별적인 것이 된다. 나무 일반의 이미지를 머릿속에 그려보라. 여러분은 도저히 그렇게 할 수 없을 것이다. 여러분의 의지와는 반대로, 각자 작거나 크거나 잎사귀가 별로 없거나 혹은 많거나, 또는 색깔이 옅거나 짙은 나무를 그려보지 않을 수 없을 것이다. 그리고 만약 당신이 거기서 모든 나무에 공통된 것만을 보려 한다면 그것은 더 이상 나무라고 할 수 없다. 순전히 추상적인 존재들도 마찬가지의 방법으로 마음속에 그려지거나, 혹은 언술에 의해서만 머릿속에 떠오른다. 삼각형의 정의만이 삼각형의 참된 관념을 준다. 여러분이 머릿속에 하나의 삼각형을 그리자마자 그것은 하나의 특정한 삼각형이지 이미 다른 삼각형은 아니다. 그리고 여러분은 그 삼각형의 선을 뚜렷이 하거나 면을 장식하지 않을 수 없다. 따라서 일반적인 관념을 갖기 위해서는 문장으로 표현해야 하며 말해야만 한다. 정신은 상상력이 멈추자마자 언술의 도움을 받지 않고서는 더 이상 한 발짝도 나아갈 수 없기 때문이다. 그러므로 만일 최초의 발명가들이 그들이 이미 가지고 있던 관념에 따라서만 명칭을 부여할 수 있었다면, 결과적으로 최초의 명사들은 고유명사일 수밖에 없었을 것이다.

그런데 내가 생각해내지 못한 방법에 따라 우리의 새로운 문법학자들이 관념을 확대하고 용어를 일반화하기 시작했을 때, 발명가들의 무지로 말미암아 이 방법은 매우 좁은 범위로 국한되지 않을 수 없었다. 그리고 그들이 처음에 속이나 종을 알지 못했기 때문에 여러 가지 개체의 명칭을 함부로 많이 만든 것처럼, 이번에는 여러 가지 존재들을 그 모든 차이에 따라 고찰하지 않았기 때문에 속이나 종의 수를 터무니없이 적게 만들었다. 세밀히 분류하기 위해서는 그들이 가질 수 있었던 것 이상의 많은 경험과 지식이, 그리고 그들이 사용하기를 원하는 것 이상의 많은 연구와 노력이 필요했을 것이다. 그런데 오늘날에도 우리의 관찰에서 벗어나 있는 새로운 종이 매일같이 발견되고 있는 만큼, 우리는 사물의 겉모습을 얼핏 보기만 하고 판단했던 사람들이 얼마나 많은 것들을 놓쳤던가를 생각해보아야 할 것이다. 가장 기본적인 동식물 분류상의 강綱이나 가장 일반적인 개념도 두말할 나위 없이 그들의 주의를 받지 못했다. 예컨대 물질, 정신, 실체, 양식, 형태, 운동이라는 단어들은 우리의 철학자들도 오래전부터 사용하고는 있었지만 이해하기 위해 매우 고심해왔던 것들이다. 그리고 이런 말들에 결부된 관념은 순전히 형이상학적인 것이어서 그 어떤 모델도 자연 속에서 발견할 수 없다. 그러니 초기의 발명가들이 어떻게 이런 말들을 생각하고 이해했겠는가?

나는 여기서 잠시 멈추고자 한다. 그리고 내 논문의 심사위원들에게 이 글을 읽는 것을 여기서 중지해주기를 요청한다. 그것은 구체적인 세계와 관련된 명사의 발명만을 근거로 하여, 즉 언어 가운데 가장 발견하기 쉬운 부분을 근거로 하여, 언어가 사람들의 모든 사상을 나타내거나 일정 불변의 형태를 취하거나 사람들 앞에서 말해져서 사회에 영향을 주기까지 아직 언어에 남아 있는 도정道程을 고찰해주기 바라기 때문이다. 나는 수數나 추상어나 아오리스트aoriste[88]나 동사의 모든 시제나 소사小辭[89]나 통사법統辭法을 발견하고, 절과 추론을 연결하고, 언술의 논리 전체를 만들어내기 위해서 얼마나 많은 시간과 지식이 필요했던가를 생각해보라고 부

탁하고 싶다. 그리고 나 자신은 점점 더 불어나는 어려움에 두려움을 느끼는 동시에 언어가 순전히 인간적인 수단[90]에 의해 발생하고 확립되었다고 말할 수 없다는 것이 거의 입증되리라는 확신을 가지고 다음과 같은 어려운 문제의 논의를, 그것을 시도하려는 사람에게 넘겨주려고 한다. 즉 언어가 제정되기 위해서는 이미 결합된 사회가 있어야 했는지, 또는 사회가 이루어지기 위해 이미 발명된 언어가 있어야 했는지, 둘 중 어느 쪽이 먼저 필요했는가 하는 문제다.[91]

어쨌든 이러한 기원의 문제는, 적어도 자연이 사람들을 서로의 욕구에 따라 접근시키고 그들에게 언어의 사용을 쉽게 하기 위한 배려를 거의 하지 않았다는 점으로 보아, 자연이 그들의 사회성을 마련하는 일에 얼마나 인색했으며, 사람들이 이와 같은 인간 관계를 위해 시도한 모든 일에 대해 자연이 기여한 바가 얼마나 적었던가를 알게 한다.[92] 실제로 이와 같은 원시 상태에서 원숭이나 늑대가 동류의 도움을 필요로 하는 것보다 오히려 인간이 다른 인간의 도움을 더 필요로 할 이유가 무엇일지는 이해할 수 없다. 그리고 설사 그럴 필요가 있었다고 가정하더라도, 어떤 동기가 다른 인간으로 하여금 이 필요를 충족시키게 했는지, 이 경우 어떻게 해서 서로 조건을 결정할 수 있었는지 생각해보기란 불가능하다. 나는 사람들이 우리에게 이와 같은 상태에 놓인 인간만큼 비참한 경우는 없다고 끊임없이 이야기하고 있음을 잘 안다. 또한 내가 입증했다고 믿고 있는 것처럼, 만일 인간이 몇 세기가 지난 뒤에야 비로소 이 상태에서 벗어나려는 욕구와 기회를 갖게 된 것이 사실이라면, 자연을 탓할 일이지 자연이 그렇게 만든 인간을 탓할 수는 없을 것이다. 그러나 내가 사용한 '비참한misérable'이라는 말은 아무 의미도 없는 단어이거나 고통스러운 궁핍과 심신의 괴로움만을 가리키는 단어이다. 그렇지만 나는 마음이 평화롭고 육체가 건강한 자유로운 존재의 비참함이 어떤 종류일 수 있는지 누군가 나에게 설명해주기를 바란다. 나는 문명의 삶vie civile과 자연의 삶vie naturelle 중에서 어느 것이 그것을 향유하는 사람들에게 더욱 견딜 수 없는 것이 되는지를 묻고 있다. 주위를 둘러보면 자기 삶을 한탄하는 사람들밖에 찾아볼 수 없으며, 몇몇 사람들은 자신의 능력 범위 안에서 자기 삶을 포기하려고까지 한다. 그리고 신의 법과 인간의 법을 합쳐도 이 무질서를 간신히 막을 수 있을 뿐이다. 나는 자유로운 상태에 있는 미개인이 일찍이 삶을 한탄하여 자살하려고 했다는 이야기를 들어본 적이 있는지 묻고 싶다. 그런 후에 좀더 겸허한 마음으로 어느 쪽이 정말로 비참한가를 판단해보기 바란다. 이와 반대로 지식의 빛에 눈이 어두워지고 정념에 시달려 자기 처지와는 다른 처지에 대해 추론하는[93] 미개인이 있었다면, 이러한 존재보다 더 비참한 것은 없을 것이다. 미개인이 잠재적으로 갖고 있던 능력은 그것을 사용할 기회가 있을 때 비로소 발달하게 된 것이 분명한데, 이것은 지극히 총명하신 신의 섭리에 따른 것이다. 또 그것은 그러한 능력이 적당한 시기가 오기 전에 먼저 나타나 없어도 무방한 것이 되고 무거운 짐이 되거나, 적당한 시기를 맞추지 못하고 늦게 나타나 정작 필요할 때 쓸모가 없게 되는 폐단을 막기 위해서다. 미개인은 자연 상태에서 생활하는 데 필요한 모든 것을 본능 속에 갖고 있었으며, 사회 생활을 하는 데 필요한 것은 훈련된 이성 속에 갖고 있었다.

우선 이런 상태에 있는 인간들은 서로간에 도덕적인 관계도, 분명한 의무도 갖고 있지 않아서 선인善人일 수도 악인일 수도 없었으며, 악덕도 미덕도 가지고 있지 않았다고 생각된다.94 다만 이런 말을 물리적인 의미로 해석하여 개인의 자기 보존에 해가 되는 성질의 것을 악덕이라고 부르고 자기 보존에 도움이 되는 것을 미덕이라고 부른다면 이야기가 달라진다. 이 경우에는 다만 자연의 단순한 충동에 가장 많이 거역하지 않는 사람을 가장 덕이 있는 사람이라고 해야 할 것이다. 그러나 단어의 일반적인 의미를 벗어나지 않고서 공평한 저울을 손에 들고 다음과 같은 점을 검토하기 전까지는 그러한 상태에 대해 우리가 범하기 쉬운 성급한 판단을 중지하고 선입관을 믿지 않아야 할 것이다. 다시 말해 문명인들 사이에도 악덕보다 미덕이 더 많은지, 또는 그들의 미덕은 그들의 악덕이 해로운 것 이상으로 유익한지, 또는 그들이 가진 지식의 진보가 그들이 서로 행해야 할 선善을 배우는 데 따라서 그들 상호간의 악을 상쇄하고도 남는지, 요컨대 보편적인 의존 관계에 복종하여 그들에게 아무것도 줄 의무가 없는 사람들에게서 모든 것을 받아내야 하는 처지보다는, 누구에 대해서도 악을 두려워하지 않고 선을 기대하지 않는 편이 그들에게 더 행복한 상태가 아닌지 미리 검토해보아야 할 것이다.

특히 홉스와 같이, 인간은 선에 대해 아무런 관념도 갖고 있지 않으므로 본래 악하다거나, 미덕이 무엇인지 몰라서 악에 젖어 있다거나,[95] 동료에 대한 봉사를 의무로 생각하고 있지 않기 때문에 언제나 그것을 거부한다거나, 또는 인간은 자기에게 필요한 것을 소유할 권리가 있다고 생각하기 때문에 어리석게도 자기가 우주 전체의 유일한 소유자라고 생각한다거나 하는 등의 결론을 내려서는 안 된다. 홉스는 자연법에 관한 근대의 모든 정의에 담겨 있는 결함을 대단히 잘 파악하고 있었다. 그러나 그가 자신의 정의에서 도출해낸 결과는 그 자신도 그것을 잘못 해석하고 있다는 것을 보여주고 있을 뿐이다. 그는 자기가 정한 원리들에 대해 추론할 때, 자연 상태란 우리의 자기 보존을 위한 노력이 타인의 보존에 가장 해를 끼치지 않는 상태이므로 이와 같은 상태는 결과적으로 평화롭게 살아가는 데 가장 적합하며 인류에게 가장 바람직한 것이라고 말했어야만 했다. 그런데 그는 미개인의 자기 보존을 위한 노력 속에, 그 자체가 사회의 산물이며 법률 제정을 필요하게 만든 수많은 정념을 만족시키고 싶다는 욕구를 까닭 없이 넣었기 때문에 오히려 그 반대가 되는 말을 하고 있다. 그는 악인이란 튼튼한 아이라고 말한다.[96] 그러나 미개인이 튼튼한 아이인지 여부는 아직 알 수 없다. 또 설사 그렇다 하더라도 그가 거기서 어떤 결론을 내릴 수 있겠는가? 건장한 미개인이 만일 연약한 사람처럼 다른 사람들에게 의존하고 있다면, 그는 어떤 터무니없는 짓이라도 할 것이다. 젖을 늦게 준다고 해서 어머니를 때리고 동생이 성가시다고 해서 그의 목을 조르며 다른 사람의 다리가 자기에게 부딪치거나 방해가 된다고 해서 물어뜯을지도 모른다. 그런데 건장하면서도 타인에게 의존하고 있다는 것은, 자연 상태에서는 두 가지 모순된 가정이다. 타인에게 의존하고 있을 때 인간은 약한 법이다. 그리고 인간은 자유로워져야 건강해진다. 홉스는 우리 법률가들이 주장하는 것처럼, 미개인으로 하여금 이성을 사용하지 못하게 하는 그 원인이, 바로 홉스 자신이 주장하는 것처럼 미개인으로 하여금 그들 자신의 능력을 사용하지 못하게 한다는 사실을 미처 몰랐던 것이다. 따라서 미개인은 선하다는 것이 무엇인지 모른다는 바로 그 이유 때문에 악하지 않다고 말해도 무방할 것이다. 그들이 나쁜 일을 하지 못하는 것은 지식의 발달이나 법의 구속 때문이 아니라, 정념이 평정을 유지하고 악덕을 모르기 때문이다. "어떤 사람이 악덕을 모른다는 것은 다른 사람이 미덕을 알고 있다는 것보다 유익하다."[97] 게다가 홉스가 전혀 알아차리지 못한 원리가 또 하나 있다. 그것은 어떤 상황에 있어 인간의 강렬한 이기심이 크게 완화되도록, 또는 이 이기심이 생기기 전에[98] 자기 보존의 욕구가 완화되도록 인류에게 주어진 원리다. 이 원리로 말미암아 인간은 동포의 괴로움을 보고 싶지 않다는 선천적인 감정에서 자기 행복에 대한 욕구를 완화하게 된다.[99] 인간의 미덕을 아무리 극단적으로 헐뜯는 자[100]라도 인정하지 않을 수 없었던 단 하나의 자연적인 미덕을 인정한다고 해서 내가 어떤 모순을 범한다고는 생각하지 않는다. 나는 지금 연민pitié에 대해 말하고 있는데, 그것은 우리처럼 약하고 온갖 불행에 빠지기 쉬운 존재들에게 걸맞은 성향이다. 연민은 인간의 반성réflexion하는 모든 습관에 앞서는 것이므로 더욱 보편적이고 인간에게 유익한 미덕이며, 대단히 자연스러운 것으로서 때로는 동물들도 뚜렷한 징후를 보이곤 하는 미덕이다. 새끼에 대한 어미의 애정이나, 새끼를 지키려고 어미가 위험을 무릅쓰는 것은 말할 것도 없고, 말이 자기 등에서 떨어진 사람을 발로 밟지 않는다는 것은 늘 보아온 일이다. 동물은 자기와 같은 종의 동물의 시체 옆을 지나가면서 으레 불안을 느낀다. 개중에는 매장 비슷한 것을 해주는 동물도 있다. 그리고 도살장으로 들어가는 가축의 애처로운 울음소리는 그 놀랍고 끔찍한 광경에서 그가 받은 인상이 어떠했는가를 짐작하게 한다. 《꿀벌의 우화*The Fable of the Bees*》의 저자[101]가 인간을 동정심 많고 감수성이 예민한 존재로 인정하지 않을 수 없게 되어, 그 예로 한 비통한 죄수의 모습[102]을 보여주고자 냉정하고 치밀한 문체에서 벗어나는 것을 보고 사람들은 기뻐한다. 그 죄수는 한 마리 야수가 어린아이를 어머니의 품에서 낚아채 날카로운 이빨로 그 아이의 손발을 물어뜯고 꿈틀거리는 내장을 발톱으로 갈기갈기 찢는 것을 바라보고 있다. 개인적으로 아무런 이해 관계가 없는 이 목격자라도 어찌 마음에 끔찍한 동요를 느끼지 않을 수 있겠는가! 이 광경을 보고도 기절한 어머니나 곧 숨이 넘어가려는 어린아이에게 아무런 도움의 손길도 뻗칠 수 없는 것에 대해 어찌 고뇌를 느끼지 않을 수 있겠는가!

이것은 모든 반성에 앞서는 자연의 순수한 충동이며, 또 아무리 타락한 풍속이라 하더라도 파괴하기 어려운 자연적 연민의 힘이다. 왜냐하면 그 증거로, 만일 폭군의 위치에 있었더라면 적의 고통을 더욱 가중시켰을 그런 포악한 자가 불운한 사람의 불행을 보고 동정하여 눈물을 흘리는 것을 극장에서 날마다 볼 수 있기 때문이다.[103] 맨더빌Bernard Mandeville은 만일 자연이 인간에게 이성을 뒷받침하기 위해 연민을 주지 않았다면 인간은 그 모든 도덕을 갖추고 있다 해도 한갓 괴물에 지나지 않았으리라는 점을 충분히 깨달았다. 그럼에도 그가 인간에게서 인정하지 않으려 한 모든 사회적 미덕이 이 유일한 특징에서 비롯된다는 것을 알아차리지 못했다. 사실 너그러움이나 관대함 또는 인간애란 약자나 죄인 또는 인류 일반에 적용된 연민이 아니고 무엇이겠는가? 잘 생각해보면 친절이나 우정까지도 특정한 대상에 쏠린 변함없는 연민에서 비롯된 것이다. 어떤 사람이 고통받지 않기를 바라는 것은 바로 그 사람이 행복해지기를 바라는 것 아니겠는가? 동정심이란 우리를 고통받는 자의 입장에 놓는 감정일 뿐이다. 이 감정이 미개인들 사이에서는 뚜렷하지 않지만 생생하게 드러나 있고 문명인들 사이에서는 발달되어 있지만 약하게 드러나 있음이 사실일지라도 그 같은 사실은 결과적으로 내 주장에 힘을 실어줄 뿐이다. 사실 동정은 고통을 목격하는 동물이 고통을 당하고 있는 동물과 마음속으로 하나가 되면 될수록 더욱 강해질 것이다. 그런데 이 일체화가 추론의 상태보다 자연 상태에서 훨씬 깊었으리라는 것은 분명한 일이다. 이기심을 낳는 것은 이성이며, 그것을 더욱 강하게 만드는 것은 반성이다. 이 반성에 의해 인간은 자기 자신을 돌아보고 자기를 방해하고 괴롭히는 모든 것에서 벗어난다. 인간을 고립시키는 것은 철학이다. 철학 덕분에 인간은 고통을 겪고 있는 사람을 보고 "너는 죽고 싶으면 죽어라, 나는 안전하다"라고 몰래 중얼거린다. 철학자의 단잠을 깨워 침대를 박차고 일어나게 하는 것은 사회 전체에 걸친 위험들밖에 없다. 철학자의 창문 밑에서 동포를 살해하더라도 철학자에게 책망을 듣는 일은 없다. 살해되는 자와 일체가 되려고 마음속에서 반항하는 자연(동정심)을 억제하기 위해서 철학자는 자기 귀를 틀어막고 조금만 이치를 따지면 된다.[104] 미개인에게는 이와 같은 훌륭한 재능이 전혀 없다. 그리고 지혜와 이성이 없기 때문에 그들은 언제나 무턱대고 인류 최초의 감정에 몸을 맡긴다. 폭동이나 거리에서 싸움이 벌어졌을 때 모여드는 것은 하층민뿐이며, 조심성 있는 사람들은 슬쩍 피한다. 싸움을 말려서 점잖은 사람들이 서로 살해하지 않게 만드는 것도 천민이나 거리의 아낙네들이다.

그러므로 연민이 하나의 자연스러운 감정이라는 것은 분명한 사실이다. 연민은 각 개체에서 자기애의 작용을 완화하면서 종 전체의 상호적 보존에 기여함이 분명하다. 남이 고통받는 모습을 보고 깊이 생각할 여지도 없이 도와주러 나서게 되는 것은 바로 연민 때문이다. 연민은 자연 상태에서 법과 풍속과 미덕을 대신하며, 아무도 그 부드러운 목소리에 저항할 시도를 하지 않는다는 이점을 누린다. 남보다 유리한 상황에서 자신의 먹이를 다른 곳에서 발견할 가능성이 있는 한, 건장한 미개인이 약한 어린아이나 불구의 노인이 힘겹게 획득한 먹이를 빼앗지 않도록 하는 것이 연민이다. "남이 해주길 바라는 대로 남에게 행하라"[105]는 합리적인 정의의 저 숭고한 원리 대신에, 그다지 완전하지는 못하지만 더 유용하다고 할 만한 저 자연적 착함에 대한 또 하나의 원칙, "타인의 불행을 되도록 적게 하여 너의 행복을 이룩하라"를 모든 사람의 마음속에 품게 하는 것이 연민이다. 요컨대 교육에 관한 여러 가지 원칙과는 별 관계가 없더라도 인간이 악을 행했을 때 느끼는 혐오감의 원인은 교묘한 논거 속보다 오히려 자연의 감정 속에서 찾아야 한다. 이성에 따라 덕을 얻는 것은 소크라테스나 그와 비슷한 사람들에게 속하는 일일지 모르지만, 만일 인류의 보존이 인류를 구성하는 사람들의 추론에만 달려 있었다면 인류는 벌써 지상에서 자취를 감추었을 것이다.

그다지 활발하지 않은 정념과 대단히 유효한 자제력을 지니고 있던 당시의 사람들은 사악하다기보다는 사나웠으며, 타인을 해치고 싶은 마음보다는 타인에게서 입을지 모르는 피해로부터 스스로를 지키는 데 더욱 신경을 쓰고 있었으므로 위험한 분쟁에 휩싸일 우려가 없었다.[106] 그들은 서로 아무런 교류도 없었다. 따라서 허영심도 신중함도 존경도 경멸도 모르고 지냈다. 그리고 그들은 남의 것과 자기 것에 대한 관념이 전혀 없었고, 정의가 진정으로 무엇인지 알지 못했다. 또한 그들은 폭행을 당할지라도 그것을 쉽게 보상받을 수 있는 손해라고만 생각했지 처벌해야 하는 부정不正이라고는 생각하지 않았다. 돌을 던지면 덤버드는 개처럼 기계적이고 즉각적으로 반응하는 경우를 제외하면 보복 같은 것은 생각하지도 않았다. 그러므로 그들의 싸움은, 먹을 것보다 더 중요한 것이 아닌 이상 피를 흘리는 결과를 가져오는 일은 매우 드물었을 것이다. 그러나 내가 언급하지 않을 수 없는 더욱 위험한 일 한 가지가 머리에 떠오른다.

인간의 마음을 흥분시키는 여러 가지 정념들 중에는 이성을 필요로 하는 열렬하고 격렬한 정념이 하나 있다. 그것은 온갖 위험을 무릅쓰고 모든 장애를 물리치며, 본래는 인류를 보존하기 위한 것임에도 불구하고 지나치면 인류를 파멸시키기 십상일 만큼 무서운 정념이다. 만일 이 광적이며 난폭한 격정에 사로잡혀 부끄러워할 줄도 모르고 억제할 줄도 몰라 날마다 피를 흘리면서까지 이성간의 사랑을 가지고 다툰다면 인간은 도대체 어떻게 될 것인가?

우선 정념들이 격해지면 격해질수록 억제를 위한 법률이 필요함을 인정해야 한다. 그 정념들이 날마다 우리들 사이에서 일으키고 있는 무질서와 범죄는 이 점에서 법률이 충분하지 않다는 것을 이미 보여주고 있다. 그런데 그러한 무질서가 혹시 법률 자체와 함께 생긴 것은 아닌지 검토해보는 것도 좋을 것이다. 그런 경우라면 법률이 무질서를 억제할지라도 그 법률로부터 기대할 수 있는 것은, 법률이 없으면 존재하지도 않았을 해악을 막아주는 것에 불과하기 때문이다.

우선 사랑의 감정 속에 깃든 정신적인 것과 육체적인 것을 구별하도록 하자. 육체적인 것이란 이성끼리 서로 결합하게끔 하는 일반적인 욕구다. 정신적인 것이란 그 욕구를 결정하여 전적으로 하나의 대상에 고정시키거나 적어도 그 선택된 대상을 위해 한층 고도의 정력을 그 욕구에 쏟는 것을 말한다. 그런데 여기서 말하는 정신적인 것이란 사회적 관례에서 생기는 인위적인 감정으로, 여자들이 자기의 지배력을 확립하고 본래 복종해야 할 자기 성性[107]을 우위에 두기 위해 온갖 수완과 주의를 기울여 찬양하고 있는 감정이라는 사실을 쉽사리 알 수 있다. 이 감정은 미개인들은 결코 가질 수 없는 어떤 가치 또는 미의 관념과 미개인들은 전혀 행할 수 없는 '비교'에 의거해 있다. 따라서 미개인들에게 이 감정은 거의 무가치한 것임에 틀림없다. 왜냐하면 그들의 심정이 이와 같은 관념을 적용함으로써 무의식중에 발생할 수 있는 감탄이나 연애 감정을 품는다는 것 또한 쉬운 일이 아니기 때문이다. 미개인들은 자연이 심어준 성욕을 따랐을 뿐이며, 자기가 자연에서 얻지 못한 취향[108]은 따르지 않았다. 그러므로 미개인들에게는 여성이라면 누구라도 좋은 것이다.

사랑이 육체적인 것에만 한정되어 있어서 감정을 자극하거나 어려움을 더하게 하는 사랑의 선택이 무엇인지 모를 정도로 행복한 사람들은 격렬한 성욕을 빈번하게 또는 강하게 느끼지 않는다. 따라서 서로 싸우는 일도 드물고, 설사 싸우더라도 그다지 잔인한 국면에까지 이르지는 않는다. 우리들 사이에서는 심한 해악을 미치는 상상력이 미개인의 마음에는 조금도 일어나지 않는다. 각자 조용히 자연적인 충동을 기다리며, 열광하기보다는 차라리 쾌감을 느끼며, 취사 선택을 하지 않고 거기에 몸을 맡긴다. 그리고 욕구가 충족되면 그 욕망은 자연히 사라지고 만다.

그러므로 다른 모든 정념과 마찬가지로 사랑 또한 그토록 자주 인간에게 많은 불행을 가져오게 만드는 저 격렬한 열정을 사회 속에서 획득하게 되었다는 것은 확실하다. 그래서 미개인들을 자신들의 야수성을 충족시키기 위해 끊임없이 서로 죽이는 자들이라고 생각하는 것은, 그러한 견해가 경험에 위배되는 만큼 더욱 터무니없는 것이다. 또한 현존하는 모든 민족 가운데 현재까지 자연 상태를 가장 잘 보존하고 있는 민족인 카리브인들은 항상 이 정념을 더 부추기는 듯한, 햇볕이 쨍쨍 내리쬐는 기후 속에서 살고 있음에도 불구하고 실제로 그들의 사랑은 가장 평온하며 질투[109]에 사로잡히는 일도 매우 드물다. 이러한 예만 보더라도 그러한 견해는 더욱 터무니없는 것이 된다.

몇몇 동물들의 경우, 암컷을 자기 것으로 만들기 위해 축사를 피투성이로 만들거나 봄철에 숲속에서 으르렁거린다. 우리는 이러한 수컷들의 치열한 싸움에서 다음과 같은 결론을 내릴 수 있을 것 같다. 우선 자연이 양성兩性의 힘의 관계에서 인간 사이의 관계와는 다른 관계를 분명히 설정해놓은 종은 제외시키고 논해야 한다. 그러므로 수탉들의 싸움에서 끌어낸 결론은 인류에게는 맞지 않는다. 암컷과 수컷의 비율

이 가장 잘 지켜지고 있는 종에 있어서 이러한 싸움의 원인이 될 수 있는 것은, 수컷의 수에 비해 암컷의 수가 아주 적거나 암컷이 일정한 기간 외에는 수컷으로 하여금 접근하지 못하도록 하는 경우뿐이다. 그리고 이 두 번째 원인도 결국은 첫 번째 원인에 귀착된다. 왜냐하면 가령 어떤 암컷이든지 일 년 동안 겨우 두 달만 수컷의 접근을 허용한다면 결국 암컷의 수가 육분의 오로 줄어든 것과 마찬가지기 때문이다. 그런데 인류는 이 두 경우 중 어느 쪽에도 해당되지 않는다. 인류는 대체로 남성의 수보다 여성의 수가 많으며, 미개인들 사이에서도 여성이 다른 종의 암컷처럼 발정 시기와 거부의 시기를 따로 갖고 있다고 관찰된 바 없기 때문이다. 뿐만 아니라 이들 몇몇 동물 사이에서는 종 전체가 동시에 흥분 상태에 들어가므로 공통의 열정과 소란과 무질서와 투쟁의 끔찍한 한때가 찾아온다. 이것은 발정이 주기적으로 이루어지지 않는 인류 사이에서는 절대로 일어나지 않는 일이다. 그러므로 어떤 동물이 암컷을 손에 넣기 위한 투쟁을 벌이는 것과 같은 일이 자연 상태의 인간에게서도 일어날 것이라고 결론 내릴 수는 없다. 그리고 설사 그렇게 결론을 내린다고 하더라도, 그러한 분쟁을 통해 다른 동물이 파멸되어버리는 일은 없으므로 적어도 그것이 우리 인류에게 해가 되는 일이라고는 생각할 수 없다. 또 그와 같은 분쟁에서 오는 손해가 사회보다 자연 상태에서 훨씬 적으리라는 것이 분명한 사실이다. 특히 아직 풍습이 어느 정도 존중되고 있기 때문에 연인들의 질투나 남편들의 복수가 결투나 살인, 그 밖에 더 잔인한 사건을 날마다 일으키고 있는 나라들, 영원한 정절의 의무가 단지 간통하는 자를 만들어내는 데 소용될 뿐이며 정조와 명예의 법률 자체가 필연적으로 방탕을 조장하고 낙태를 증가시키고 있는 나라들에서보다는 훨씬 적으리라는 것이 분명한 사실이다.[110]

결론을 내려보자. 원시의 인간은 일도 언어도 거처도 없고, 싸움도 교제도 없으며, 타인을 해칠 욕구가 없듯이 타인을 필요로 하지도 않고, 어쩌면 동류의 인간을 개인적으로 단 한 번도 만난 적 없이 그저 숲속을 떠돌아다녔을 것이다. 그는 얼마 안 되는 정념의 지배를 받을 뿐 스스로 자족하면서 자신의 상태에 맞는 감정과 지적 능력만을 갖고 있었다. 원시의 인간은 자신의 진정한 필요만을 느꼈고, 눈으로 보아 흥미롭다고 여겨지는 것만 쳐다보았다. 그의 지능은 그의 허영심과 마찬가지로 발달하지 못했다. 우연히 그가 어떤 발견을 한다 해도, 그는 자신의 자식조차 기억하지 못하기 때문에 그것을 전수할 수 없었다. 기술은 발명자와 더불어 소멸했다. 교육이란 것은 존재하지 않았으며 아무런 진보도 없이 세월이 흐름에 따라 세대가 이어질 뿐이었다. 그리고 각각의 세대는 언제나 똑같은 지점에서 출발했으므로, 최초 시대의 모든 조야함 속에서 수백 년이 되풀이되며 흘러갔다. 종은 이미 늙었으나 인간 개체는 항상 어린애로 머물러 있었다.

내가 이처럼 원시적인 자연 상태를 가정하고 이렇게 길게 언급하는 것은, 해묵은 오류와 뿌리 깊은 편견을 타파하기 위해 근원까지 파고 들어가서, 불평등이 설사 자연적인 것은 아니라 하더라도 우리의 저술가들이 주장하는 바가 얼마나 비현실적이며 설득력이 없는지를 참된 자연 상태의 화면畫面 속에서 보여주어야 한다고 생각했기 때문이다.

실제로 사람들을 구별시키는 차이 가운데 몇 가지는 사연적인 것으로 간주되고 있지만, 그것은 단지 습관의 산물이거나 사회 속에서 사람들이 채택하는 여러 가지 생활 양식의 산물임을 쉽사리 알 수 있다. 그러므로 튼튼한 체질이냐 허약한 체질이냐, 이로 말미암아 힘이 강하냐 약하냐 하는 것은 최초의 체질에서 비롯된다기보다 오히려 그 양육 방법이 엄격한가 아니면 유약한가에서 비롯되는 경우가 많다. 정신력도 마찬가지다. 교육이 교양 있는 정신과 교양 없는 정신 사이에서만 차이를 나타내는 것은 아니다. 전자 사이에서도 교양에 비례하여 차이가 난다. 거인과 난쟁이가 같은 길을 걸어간다면 두 사람이 한 발짝씩 앞으로 내딛을 때마다 그 간격은 더욱 멀어지기 때문이다. 그런데 오늘날 사회의 여러 계층을 지배하고 있는 교육과 생활 양식의 놀라운 다양성을, 같은 음식을 먹고 같은 생활을 하고 같은 일을 하고 있는 동물이나 원시인의 생활에서 볼 수 있는 단순함이나 단조로

움과 비교해보면, 인간과 인간의 차이가 사회 상태보다 자연 상태에서 훨씬 적으며 아울러 자연적 불평등이 인류에게는 제도의 불평등에 의해 한층 증대되어 있다는 사실을 이해할 수 있을 것이다.

그러나 자연이 인간에게 혜택을 베풀어줄 때, 흔히 말하는 것처럼 어떤 사람들에게 치우치게 베푼다고 하더라도 그들 사이에 거의 어떠한 상호 관계도 허용하지 않는 상태라면, 가장 혜택을 많이 받는 사람들이 남에게 손해를 끼쳐가며 도대체 어떤 이득을 얻을 수 있단 말인가? 사랑이 전혀 없는 곳에서 아름다움이 무슨 소용이 있겠는가? 이야기를 나누지 않는 사람들에게 재치가 무슨 소용이며, 거래를 하지 않는 사람들에게 무슨 술책이 필요하겠는가? 나는 강자는 약자를 억압하게 마련이라는 말을 늘 듣는다. 여기서 이 억압이 뜻하는 바는 무엇인가? 어떤 자가 폭력으로 지배하면, 다른 사람들은 강자의 온갖 변덕에 굴복하여 한탄하고 괴로워할 것이다. 이것은 우리 사회에서 흔히 볼 수 있는 일이다. 그러나 원시의 인간들 사이에서는 이런 일을 찾아볼 수가 없다. 그들에게는 굴종과 지배가 무엇인지 이해시키기조차 어려울 것이다. 어떤 사람이 남이 따온 과일이나 남이 사냥한 고기, 또는 남의 은신처인 동굴을 빼앗을 수는 있을 것이다. 그렇지만 그가 어떻게 남들을 복종시킬 수 있겠는가? 게다가 아무것도 소유하지 않은 사람들 사이에 어떤 종속의 쇠사슬이 있을 수 있겠는가?111 만일 누가 나를 어떤 나무에서 쫓아낸다면 다른 나무로 옮겨가면 그만이다. 어떤 장소에서 누가 나를 괴롭힌다면 다른 곳으로 옮겨가면 된다. 그것을 누가 방해하겠는가? 또 나보다 힘이 아주 센데다가 상당히 타락하고 게으르며 사납기까지 한 사나이가 아무 일도 하지 않으면서 나에게 자기를 먹여 살리라고 강요한다면 어떻게 될까? 그러면 그는 잠시도 나에게서 눈을 떼지 않고 자는 동안에도 주의를 게을리하지 않으며 나를 자기에게 꼼짝없이 매어두려고 결심해야 한다. 그렇지 않으면 나는 도망치거나 그를 죽일지도 모른다. 따라서 그는 자기가 피하려고 하는 고통이나 그가 나에게 주는 고통보다 훨씬 더 큰 고통을 자진해서 받을 각오를 하지 않으면 안 된다. 그렇게 하더라도 그의 경계가 잠시 소홀해지거나 뜻하지 않은 소리에 그가 고개를 돌리기라도 하면, 나는 재빨리 숲속으로 이십 보쯤 달아날 수 있다. 그리하여 나를 얽어맨 사슬은 끊어지고 그는 두 번 다시 나를 볼 수 없게 될 것이다.

이런 세세한 이야기를 늘어놓지 않아도, 굴종의 끈은 인간 상호간의 의존과 인간들을 결합시키는 상호적 필요성이 없으면 형성되지 않는다는 점을 알 것이다. 그러므로 누구나 어떤 사람을 복종시킨다는 것이 그를 다른 사람 없이는 살아가지 못하는 처지에 두지 않는 한 불가능하다는 것을 알 수 있다. 그런데 자연 상태에서는 이와 같은 처지가 존재하지 않는다. 따라서 자연 상태에서는 누구나 속박에서 전적으로 자유로우며 강자의 법칙은 무용지물이 되고 만다.[112]

자연 상태에서는 불평등을 거의 느낄 수 없으며 그 영향도 거의 없다는 것을 증명했으므로, 이제 나는 그 불평등의 기원과 발전을 인간 정신의 지속적인 진보 속에서 찾아보려 한다. 그리고 자기 '완성 가능성'이나 사회적인 덕성, 그 밖에 자연인이 잠재적으로 받은 여러 가지 능력은 그 자체만으로 결코 발전할 수 없으며, 그 발전을 위해서는 외부적인 원인—결코 일어나지 않을 수도 있었으나, 그것이 없었다면 인간은 영원히 원시적인 처지에 머물러 있었을 것이라고 생각되는—의 우연한 협력이 필요했음을 이미 밝혔으므로, 이제 나는 인간 종을 손상시킴으로써 인간의 이성理性을 완성하고 인간을 사교적으로 만듦으로써 사악하게 하며 마침내는 인간과 세계를 까마득한 출발점에서 현재 우리가 보고 있는 지점까지 끌고 올 수 있었던 여러 가지 우연[113]을 검토하고 비교해보려 한다.

솔직히 말해서 내가 기술하고자 하는 사건들은 형태를 달리하여 발생할 수 있는 것이므로 추측 말고는 달리 선택의 여지가 없었음을 밝혀둔다.[114] 그러나 이와 같은 추측은, 그것이 사물의 본성에서 끌어낼 수 있는 가장 그럴듯한 것이며 진리의 발견을 위해 사용할 수 있는 유일한 수단일 때 논거로 존립하게 된다. 뿐만 아니라 추측을 통해 내가 이끌어내고자 하는 결론은 단지 억측에 지나지 않는 것이 되지는 않을 것이다. 왜냐하면, 앞에서 확립한 여러 가지 원리를 따르는 한 같은 결과를 제공하지 않는, 또 같은 결론을 도출해낼 수 없는 또 다른 체계를 만들어낼 수는 없기 때문이다.

이로써 다음 문제들을 논하지 않은 데 대한 충분한 변명이 이루어졌다고 본다. 즉 사안의 진실성에 대한 많은 의문들이 시간이 흐르면서 어떻게 풀릴 것인가 하는 점, 아주 사소한 원인도 끊임없이 작용하면 놀라운 힘을 미친다는 점, 어떤 가설들은 사실과 같은 정도의 확실성을 얻을 수는 없을지언정 파괴될 수도 없다는 점들이다. 그리고 두 가지 사실이 알 수 없는, 또는 알 수 없다고 간주되고 있는 일련의 매개적인 사실에 따라 연결되어야 하는, 실재하는 것으로 주어진 상태에서 그것을 연결하는 사실을 제시해야 할 때, 역사적인 지식이 있는 경우에는 역사의 범주에서, 그렇지 못한 경우에는 철학의 범주에서 그것들을 연결할 수 있는 유사한 사실을 결정해야 한다는 점, 끝으로 여러 가지 사안의 경우에 유사성은 보통 사람들이 상상하는 것보다 훨씬 적은 수의 각기 다른 분류로 사실들을 축소시킨다는 점이다. 이런 논점들이 심사 위원 여러분에게 검토의 자료로 제공될 수 있다면, 그래서 일반 독자들이 그것을 검토하지 않아도 무방하도록 정리된다면 나는 그것으로 만족한다.

제2부

어떤 땅에 울타리를 두르고 "이 땅은 내 것이다"라고 말하리라 생각하고 다른 사람들이 그런 말을 믿을 만큼 단순하다는 사실을 발견한 최초의 인간이 문명 사회의 실질적인 창시자이다. 말뚝을 뽑아버리고 토지의 경계로 파놓은 도랑을 메우면서 동류의 인간들을 향해 "저런 사기꾼의 말을 듣지 마시오. 과일은 모두의 소유이고 땅은 그 누구의 소유도 아니라는 사실을 잊는다면 당신들은 파멸할 것이오"라고 외친 사람이 있었다면, 그는 얼마나 많은 죄악과 싸움과 살인, 얼마나 많은 비참과 공포에서 인류를 구제해주었을 것인가?[115] 그러나 이미 그 무렵에 사태는 더 이상 이전의 모습을 유지할 수 없는 지경에 이르렀을 가능성이 크다. 왜냐하면 이러한 소유 관념은 순차적으로 발생한 그 이전의 많은 관념들에 의존하는 것으로, 인간의 정신 속에 한순간 갑자기 형성된 것이 아니기 때문이다. 다시 말해 자연 상태의 이 마지막 지점에 도달하기까지는 인류는 상당한 진보를 이루어야 했고, 살아가는 데 필요한 다양한 기술을 획득하고 많은 지식을 축적하여 그것을 대대로 전하고 증가시켜야 했다. 그러므로 위에서 언급한 내용들을 다시 생각해보고, 자연적인 순서에 따라 서서히 순차적으로 발생한 사건과 지식을 하나의 관점에서만 살펴보도록 노력하자.

인간이 가진 최초의 감정은 자기 생존에 대한 것이며, 최초의 관심은 자기 보존에 대한 것이다. 땅에서 나는 생산물은 인간에게 필요한 모든 것을 제공했으며, 인간은 본능적으로 그것을 이용하게 되었다. 굶주림이나 그 밖의 다른 욕구들이 그에게 갖가지 생존 방식을 차례로 경험하게 했다. 그 중 하나가 바로 자기의 종을 영원히 존속시키는 방식이었다. 마음에서 우러난 감정이라고는 전혀 없는 이러한 맹목적인 경향은 순전히 동물적인 행위만을 낳았을 뿐이다. 욕구가 충족되고 난 후 남성과 여성은 남남이나 다름없었고, 자식들까지도 어머니 없이 살 수 있게 되면 곧 어머니와 무관한 존재가 되어버렸다.

갓 태어난 인간의 상태는 이와 같은 것이었다. 최초에는 순수한 감각에 국한되어, 자연이 자신에게 준 선물을 거의 이용하지 않고 자연에게서 무엇을 빼앗으려는 생각도 하지 않는 동물처럼 생활했다. 그러나 이내 여러 가지 어려움이 나타났고 인간은 그것을 극복하는 법을 배워야만 했다. 나무가 너무 높아 손이 열매에 닿지 않는가 하면, 그것을 따먹으려 동물들끼리 싸움이 붙기도 했고, 목숨을 노리는 사나운 동물들도 있었으므로 신체 훈련에 힘써야만 했다. 동작을 민첩하게 하고 빨리 달려야 했으며 용감하게 싸울 줄 알아야 했다. 이윽고 나뭇가지나 돌과 같은 자연의 무기가 그의 손에 들어왔다. 그는 자연의 장애물을 극복하고 필요한 경우에는 다른 동물들과 싸우기도 했으며, 먹이를 두고 다른 사람과 다투거나 강자에게 양보했던 것을 다른 데서 보충하는 법을 배우기도 했다.[116]

인구가 증가하고 확산되면서 어려운 점들도 늘어났다. 토지와 기후, 계절의 차이가 그들의 생활 양식에 차이를 가져왔을 수도 있다. 여러 해 동안의 가뭄이나 춥고 긴 겨울, 찌는 듯한 여름이 그들에게 새로운 생활 방식을 강구하게 만들었다. 바다나 강가에서 그들은 그물과 낚시를 발명하여 어부가 되고 물고기를 먹는 민족이 되었다. 숲속에서는 활과 화살을 발명하여 사냥꾼이나 전사戰士가 되었다. 추운 지방에서는 자기가 잡은 동물의 가죽으로 몸을 감쌌다. 벼락이나 화산 또는 어떤 행운 덕분에 그들은 불을 알게 되었고 그것을 겨울의 혹한을 이겨내는 새로운 수단으로 삼았다. 그들은 불이라는 원소를 보존하고 다시 생산하는 방법을 배웠고 마침내 여태 날것으로 먹던 고기를 익혀 먹는 방법까지 배우게 되었다.

이와 같이 다양한 것들을 스스로에게 또 인간 상호간에 되풀이하여 적용한 결과, 인간의 정신 속에는 자연스럽게 어떤 종류의 관계에 대한 지각이 생겨났다. 크다, 작다, 강하다, 약하다, 빠르다, 느리다, 소심하다, 대담하다 따위의 낱말이나 무의식중에 필요에 따라 비교되는 개념에 따라 우리가 표현하는 관계는 마침내 그의 마음속에 어떤 성찰, 아니 더 정확히 말하면 그의 안전에 가장 필요한 경각심을 가르쳐준 반사적인 조심성을 낳았다.

이 같은 발전의 결과로 얻은 새로운 지식은 인간으로 하여금 다른 동물에 대한 우월성을 자각하고 과시하게 했다. 인간은 동물들에게 덫을 놓는 법을 연습하고 여러 가지 계략으로 그들을 속였다. 몇몇 동물은 싸우는 힘에서나 달리는 속도에서 인간을 능가했으나, 점차 인간은 자신에게 유용한 동물들에 대해서는 주인이 되고 자신에게 해로운 동물들에 대해서는 골칫거리가 되었다. 이리하여 인간은 자기 자신에게 눈길을 보냄으로써 비로소 자존심이라는 것을 지니게 되었다. 그리고 존재의 서열을 거의 구분하지 못하던 중에 인류라는 자기의 종이 가장 높은 서열에 위치한다고 생각하게 되면서 일찍부터 개인으로서도 첫째라고 자부하려는 조짐을 보였다.

당시의 인간과 그의 동족들의 관계는 현재 우리와 우리 동포들과의 관계와는 달랐다. 당시의 인간은 다른 동물들과 교류하는 것 이상으로 동족들과 교류한 적은 없었다. 그럼에도 불구하고 인간은 동족들을 관찰하는 일을 멈추지 않았다. 시간이 흐르면서 그는 자신과 동족들 사이 또는 자신의 이성과 자기 자신 사이의 공통점을 깨닫게 되었고 이에 따라 자신이 아직 모르고 있었던 그들과의 공통점까지 알게 되었다. 그리고 그들이 똑같은 상황이라면 자기도 그렇게 했을 것 같은 행동을 하는 것을 보고 그들의 사고 방식이나 감정이 자기와 일치한다고 결론지었다. 그의 정신 속에 확립된 이러한 중요한 진리 때문에 그는 철학적 추론만큼이나 신속하고 확실한 예감을 가지고 자기의 이익과 안전을 위해 그들과 함께 지켜야 할 최상의 행동 규칙들을 지키게 되었다.

인간은 안락의 추구가 인간 행동의 유일한 동력임을 경험으로 배웠다. 이제 그는 공통의 이해 관계 때문에 동포들의 도움에 의지해야 하는 드문 경우와, 경쟁을 위해 그들을 경계해야 하는 더 드문 경우를 구분할 수 있게 되었다. 전자의 경우, 그는 무리를 지어 그들과 함께 하거나 고작해야 아무도 구속하지 않고 일시적인 요구가 있을 경우에만 존속하는 일종의 자유로운 협력 형태로 결합했다. 후자의 경우, 각자는 만일 자기가 할 수 있다고 생각되면 폭력을 사용하기도 했고 또는 자기가 약하다고 느끼면 재주나 계책을 써서 이득을 얻으려고 노력했다.

이렇게 해서 사람들은 자신들도 모르는 사이에 상호간의

약속과 그로 인한 이득을 깨닫게 되었다. 그러나 그것은 다만 현재 눈앞에 보이는 이득이 그것을 요구하는 경우에만 국한되었다. 당시의 인간들에게 앞일을 내다본다는 것은 무의미했기 때문이다. 그리고 그들은 먼 장래의 일을 걱정하기는 커녕 당장 내일의 일도 생각지 않았다. 가령 사슴을 잡으려고 할 경우 각자가 자신의 위치를 잘 지켜야 한다고 생각했지만, 만일 토끼 한 마리가 그들 중 어떤 사람의 손이 미치는 곳을 지나가기라도 하면 그는 조금의 망설임도 없이 토끼를 쫓아가 붙잡아버렸다. 그 때문에 자기 동료가 사슴을 놓치게 된다는 사실은 분명히 아랑곳하지 않았으리라.

이와 같은 교류를 하는 데 있어서 인간과 마찬가지로 무리를 지어 사는 까마귀나 원숭이들보다 세련된 언어가 요구되지는 않았다는 점은 쉽게 알 수 있다. 발음이 불분명한 외침과 여러 몸짓, 그리고 자연의 소리를 흉내 내는 몇 가지 모방음 등이 오랫동안 보편적인 언어[117]를 구성하고 있었을 것이다. 내가 이미 말한 바와 같이 어느 지방이든 그 언어의 성립을 설명하기는 어렵지만, 발음이 명확해지고 합의에 의한 몇 가지 음들이 첨가됨으로써 그 지방 특유의, 하지만 조잡하고 불완전한 언어가 생겨났다. 그 언어는 오늘날 여러 미개 민족이 사용하는 것과 거의 흡사하다.[118] 시간은 흘러가고 내가 해야 할 말은 너무 많고 인류의 초기 상태에서의 진보는 거의 눈에 띄지 않기 때문에 나는 여러 세기를 화살이 날아가듯 건너뛴다. 사건의 연속이 느릴수록 그에 대한 묘사는 빨라지기 때문이다.

이와 같은 초기의 진보 덕분에 인간은 더욱 신속히 발전하게 되었다. 정신이 계몽됨에 따라 솜씨도 점점 향상되었다. 이윽고 인간들은 아무 나무 아래에서나 잠들거나 동굴 속에 은둔하지 않게 되었고, 단단하고 날카로운 돌도끼 같은 것을 만들기도 했다. 이 돌도끼는 나무를 자르고 흙을 파고 나뭇가지로 오두막을 짓는 데 쓸모가 있었다. 사람들은 곧 진흙 같은 것으로 그 오두막의 벽을 바르는 것이 좋겠다는 생각까지 하게 되었다.[119] 이때가 바로 가족이 형성되고 구별이 생겨나고 일종의 소유 개념이 도입된 최초의 혁명기이다.[120] 그리고 이 시기에 이르기까지 여러 번에 걸친 다툼과 싸움이 일어났을 것이라고 미루어 짐작할 수 있다. 처음으로 거처를 마련하고 그것을 스스로 지킬 힘이 있다고 느낀 것은 가장 강한 자들 쪽이었을 것이다. 그러므로 약자들은 그들을 몰아내느니 흉내 내는 편이 오히려 더 빠르고 확실하다고 생각했을 것이다. 또한 이미 오두막을 갖고 있던 자들 중 어느 누구도 이웃의 오두막을 빼앗아 자기 것으로 삼으려고 하지는 않았을 것이다. 그것이 자기 것이 아니라는 이유에서가 아니라, 그것이 자기에게 소용이 없고 그것을 빼앗으려면 그곳에 살고 있는 가족들과 큰 싸움을 벌여야 한다는 이유에서였다.

인간의 마음에 최초의 변화가 생겨난 것은 남편과 아내,

아버지와 자식이 공동의 거처에서 함께 사는 새로운 상황의 결과였다. 함께 생활하는 습관은 인간이 체험한 가장 감미로운 감정이라 할 수 있는 부부애와 부성애를 낳았다. 이렇게 해서 각각의 가정은 상호간의 애착과 자유가 그들을 이어주는 유일한 끈이라는 점에서 더욱더 긴밀하게 결합된 하나의 작은 사회를 이루었다. 그리고 지금까지 동일했던 남녀의 생활 방식에 처음으로 차이가 생겨났다. 여자들은 점차 집안에 있게 되면서 오두막과 이린애들을 돌보는 데 익숙해졌고 남자들은 가족 모두의 먹이를 찾으러 나갔다. 남자와 여자는 전보다 다소 부드럽고 약해진 생활로 사나움과 원기를 어느 정도 잃어가기 시작했다. 그러나, 각자가 흩어진 상태에서 전처럼 짐승들과 싸우기는 벅찼지만 힘을 합쳐 싸우기 위해 모이기는 쉬워졌다.

이 새로운 상태에서 매우 한정된 필요로 인해 간소하고 독립된 생활을 하고 그러한 생활을 충족시키기 위해 발명한 도구를 가진 사람들은 많은 여가를 즐길 수 있었고, 그들의 선조들이 알지 못했던 편리함을 얻기 위해 이 여가를 활용했다. 그리고 이것이야말로 그들이 꿈꾸지 않았음에도 스스로에게 부과한 최초의 멍에였고, 그들의 자손에게는 불행의 단초였다. 이로써 그들은 자신들의 육체와 정신을 유약하게 만들었기 때문이다. 더구나 그 편리함은 습관이 되자 매력을 상실하고 그들의 실제적 욕구로 변질되어버렸다. 따라서 그것이 없는 고통은 그것이 있을 때 즐거웠던 만큼이나 극심한 것이 되었다. 그리하여 사람들은 편리함을 누려도 행복하지 않은 반면에 그것을 잃으면 몹시 불행해지게 되었다.[121]

여기서 우리는 각 가족의 내부에서 말의 사용이 어떻게 조금씩 정립되고 완성되었는가를 좀더 잘 알 수 있게 된다. 또한 어떻게 여러 특수한 원인들이 언어의 필요성을 증대시켜 그 발달을 촉진시켜왔는지도 추측할 수 있다. 큰 홍수나 지진이 사람이 사는 지역을 물이나 벼랑으로 에워쌌다. 지각의 변천[122]은 대륙의 몇몇 부분을 잘라내 섬으로 만들었다. 대륙의 숲속을 자유롭게 돌아다니던 사람들보다는 이러한 섬에서 서로 가깝게 살아야 했던 사람들에게서 하나의 공통된 방언idiome이 형성되었으리라는 것은 쉽사리 추측할 수 있다. 따라서 섬 주민들이 처음 항해했을 때 대륙에 사는 사람들에게 언어의 사용법을 퍼뜨렸다고 생각할 수 있다. 사회와 언어는 섬에서 비롯되었으며 대륙에 알려지기 이전에 이미 완성되어 있었다는 주장은 적어도 매우 자연스러워 보인다.[123]

이제 모든 것이 모습을 바꾸기 시작한다. 지금까지 숲속을 유랑하던 사람들은 좀더 안정된 장소를 얻었으므로 점차 서로 가까워져 무리를 이루고 드디어 각 지방마다 국가를 형성하게 된다. 이들은 규칙이나 법률이 아닌 풍습과 성격의 공통성에 따라, 즉 같은 생활 양식이나 음식에 따라, 또는 기후의 공통된 영향에 따라 결합되어 있다. 계속해서 이웃이 되어가는 상황은 결국 각기 다른 가족간의 결합을 촉진시키게 마련이다. 젊은 남녀들이 이웃이 되어 오두막에 살고, 자연이 요구하는 일시적 교류가 곧 거듭되는 왕래로 인해 즐겁고 영속적인 또 다른 교류를 낳는다. 사람들은 이제 여러 가지 사물들을 바라보고 비교하는 데 익숙해진다. 그리고 무의식중에 가치와 미의 관념을 얻게 되고 그것이 다시 좋고 나쁨에 대한 감정을 낳게 된다. 서로 자주 만나는 동안 사람들은 이제 서로 만나지 않고서는 살지 못할 지경이 된다. 정신 속에 일종의 부드럽고 달콤한 감정이 스며들고, 사소한 반대에 부딪쳐도 심한 분노가 느껴진다. 사랑과 함께 질투가 싹튼다. 불화가 승리하고 가장 부드러운 정념이 인간의 피로 얼룩진 희생을 요구하게 된다.

여러 가지 개념과 감정이 계속해서 일어나고 정신과 마음이 훈련됨에 따라, 인류는 점차 유순해지고 관계가 확대되고 유대가 강화되었다. 사람들은 오두막 앞이나 큰 나무 주위에 자주 모이게 되었다. 연애와 여가의 진정한 소산이라 할 수 있는 노래와 춤이 모여든 한가한 남녀들의 심심풀이라기보다는 매일매일의 일과가 되었다.[124] 그리하여 저마다 남을 주목하고 자신도 남에게 주목받고 싶다는 생각을 하게 되면서 남들에게 인정받는 것이 하나의 가치를 지니게 되었다.[125] 노래를 가장 잘 부르고 춤을 가장 잘 추는 사람, 얼굴이 잘생기거나 힘이 센 사람, 재주가 가장 뛰어나거나 언변이 가장 좋은 사람은 존경을 받았다. 이것이 불평등을 향한, 그리고 동시에 악덕을 향한 첫걸음이었다. 이러한 최초의 선호選好에서 한편으로는 허영심과 경멸이 태어났고, 다른 한편으로는 수치심과 부러움이 생겨났다. 그리고 이러한 새로운 효모에서 생긴 효소가 마침내 행복과 무구無垢에 치명적인 화합물을 생성시켰다.

사람들이 서로 상대방을 평가하기 시작하여 존경이라는 관념이 마음속에 형성되자, 누구나 자기가 존경받을 권리가 있다고 주장했다. 그리고 그것을 거부하면 누구도 무사하지 못하게 되었다. 그리하여 예의범절의 의무가 미개인들 사이에도 생기게 되었으며 고의적인 범행은 모두 모욕으로 간주되었다. 왜냐하면 피해자는 그 범행으로 인해 초래되는 손해보다는 인격을 모욕당했다는 점 때문에 더 감정이 상했기 때문이다. 따라서 누구나 자기가 받은 모욕만큼 상대에게 벌을 가했으므로 복수는 더욱 끔찍해지고 인간은 살생까지 저지를 정도로 잔인해졌다. 이것이 우리에게 알려져 있는 대부분의 미개 민족이 도달한 단계다. 그리고 많은 이들이 여러 가지 관념들을 충분히 구별하지 못하고 또 이들 민족이 이미 최초의 자연 상태에서 얼마나 멀어져 있는가를 알아차리지 못하여, 인간은 본래 사악하므로 이를 완화하기 위해서는 규제와 단속이 필요하다는 성급한 결론을 내리게 되었다.[126]

그런데 원시 상태의 사람들만큼 온순한 자들은 없었으니, 그들은 자연에 의해 짐승들의 어리석음과 문명인의 꺼림칙한 지식의 중간에 놓여 본능과 이성에 따라 자기를 위협하는 악으로부터 몸을 수호하는 데 그쳤고, 타고난 연민으로 인해 해를 끼치지 않도록 스스로를 억제할 수 있었으며, 남에게 피해를 입었다 하더라도 상대방을 해칠 마음이 들지 않았다. 왜냐하면 현자 로크의 격언과 같이, "소유가 없는 곳에 바르지 못한 일이 있을 수 없기 때문이다."[127]

그러나 우리는 사회가 형성되고 사람 사이에 여러 가지 인간 관계가 성립되자 이미 그들 사이에는 애초의 구조에서 물려받은 것과는 다른 성질이 요구되었으며 도덕이 인간의 행위 속에 도입되기 시작했다는 점에 유의해야 한다. 또한 실정법이 있기 전에는 각자가 자기가 받은 모욕의 유일한 재판관이자 복수자였으므로 순수한 자연 상태에 적합했던 선이 더 이상 새로운 사회에 적합하지 않게 되었다는 점, 범행이 잦아짐에 따라 처벌은 더욱 엄해질 수밖에 없었고 복수의 두려움이 법의 제재를 대신하게 되었다는 점에도 유의해야 한다. 그리하여 인간의 인내심이 전보다 약해지고 자연스러운 연민도 이미 얼마간의 변질을 겪었다 할지라도, 원시 상태의 무위indolence와 우리 이기심의 극성스러운 활동 사이의 중간에 위치한 인간 기능 발달의 이 시기가 가장 행복하고 안정된 시기였음에 틀림없다. 이 시기에 대해 깊이 생각하면 할 수록 그러한 상태가 변화에 가장 덜 종속되어 있는, 인간에게 최상의 상태였음을 발견하게 된다. 인간이 그 상태에서 벗어난 것은 공동의 유용성을 위해서는 결코 일어나지 말아야 했을 어떤 불행한 우연 때문일 뿐이다. 그 단계에서 발견되는 거의 모든 미개인들의 사례는 대개 인류란 항상 그 단계에 머물러 있도록 만들어진 것이며, 그 상태는 세계의 진정한 청춘기[128]이고, 이후의 모든 진보는 외견상 개인의 개선을 향한 진전으로 보이나 실상은 종의 쇠퇴를 향한 발걸음이었음을 확인해주는 듯하다.[129]

사람들은 투박한 오두막에 만족하는 한, 짐승 가죽으로 된 옷을 동물의 뼈나 가시로 꿰매고, 깃털과 조개껍질로 몸을 장식하고, 갖가지 색깔로 몸을 칠하고, 활과 화살을 개량하거나 치장하고, 날카로운 돌을 가지고 고기 잡는 조각배나 조잡한 악기를 다듬는 데 만족하는 한, 요컨대 그들이 혼자 할 수 있는 작업과 다른 사람의 협력이 필요 없는 기술에 전념하는 동안, 그들의 본성이 허용하는 만큼 자유롭고 건전하고 선량하고 행복하게 살았으며, 계속해서 상호간에 독립적인 상태에서 교류의 평온함을 누렸다. 그러나 인간이 타인의 도움을 필요로 한 순간부터, 그리고 혼자서 두 사람 몫의 양식을 차지하는 것이 유리함을 알아차리게 되자마자, 평등은 사라지고 소유가 도입되고 노동이 필요하게 되었다. 광대한 숲은 인간의 땀으로 적셔야 할 들판으로 변했으며, 머지않아 그 들판에서는 수확과 더불어 예속과 비참이 싹트고 증가하는 것을 보게 되었다.

야금술과 농업이라는 두 가지 발명은 이러한 거대한 변화를 낳은 두 가지 기술이었다. 시인[130]의 눈에는 사람들을 문명화시키고 인류를 파멸시킨 장본인이 금과 은으로 보이지만, 철학자는 철과 밀을 장본인으로 지목한다.[131] 그리고 그 어느 것도 아메리카의 미개인들에게는 알려져 있지 않았다. 덕분에 그들은 여전히 미개인으로 남아 있었다. 다른 민족들도 두 가지 기술 가운데 하나만 사용하는 동안에는 야만인으로 남아 있었을 것이다. 그리고 유럽이 세계 다른 지역에 비해 더 빠르다고는 말할 수 없어도 더 꾸준하고 풍부하게 문명화된 가장 큰 이유 중 하나는, 아마도 철뿐만 아니라 밀도 유럽에서 가장 풍부하다는 데 있을 것이다.

사람들이 어떻게 철을 알고 사용하게 되었는가를 추측하기란 대단히 어려운 일이다. 결과가 어떻게 될지도 모르면서 광산에서 물질을 캐내고 그것을 융해시키는 데 필요한 준비를 스스로 생각해냈을 리는 없기 때문이다. 더구나 광산은 나무도 풀도 없는 메마른 땅에서나 찾아볼 수 있는 만큼 우연히 불이 일어나서 그 방법이 발견되었다고는 더더욱 말할 수 없다. 따라서 우리는 자연이 이 운명적인 비밀을 알리지 않으려고 조심하고 있었다고 말할 수 있을 것이다. 이렇게 볼 때 남는 것은 어떤 화산이 만들어낸, 평소와는 다른 상황뿐이다. 우리는 화산이 분출하면서 융해된 금속성의 물질을 토해내는 것을 관찰자들이 발견하여 그것을 모방하려 했다고 추측해볼 수 있을 것이다. 아울러 우리는, 그들이 그토록 어려운 일을 계속하여 언젠가는 거기서 얻을 수 있는 이익을 장기적으로 내다보려면 그들에게 상당한 용기와 선견지명이 있어야 했으리라는 것을 인정해야 할 것이다. 이러한 능력은 그들의 정신에 당연히 상정되는 상태보다는 애초에 더 많은 경험을 쌓은 정신에나 걸맞다.

농업의 경우는 그 원리가 실행이 확립되기 훨씬 전부터 알려져 있었다. 사람들은 나무나 풀에서 먹고살 것을 얻어내기 위해 끊임없이 애쓰고 있었으므로, 일찌감치 자연이 식물의 번식을 위해 사용하고 있는 방법을 알고 있었을 것이다. 그러나 그들의 생산 기술은 아마도 훨씬 나중에야 이 방향으로 돌아섰을 것이다. 그것은 사냥이나 낚시질과 함께 인간에게 식품을 제공해온 나무가 인간의 손길을 필요로 하지 않았거나 인간이 밀의 사용법을 모르고 그것을 재배할 도구도 없었기 때문이라고 할 수 있다. 그 외에도 장래의 필요를 내다볼 능력이 없거나 자신의 생산물을 남이 가로채지 못하도록 막는 방법을 몰랐기 때문이라고 할 수 있다. 전보다 기술이 좋아진 사람들은 밀 재배법을 알고서 대량으로 수확하는 데 필요한 도구를 갖기 훨씬 전부터 날카로운 돌과 뾰족한 막대기를 가지고 오두막 주변에 약간의 채소와 풀뿌리 따위를 재배하기 시작했을 것이다. 물론 이런 일에 종사하여 땅에 씨를 뿌리려면 나중에 더 많은 수확을 얻기 위해서 처음에는 얼마간 잃을 각오를 해야 한다는 생각은 하지 못했을 것이다. 이미 앞에서 말한 바와 같이 그와 같은 신중함은 저녁에 필요한 것들을 아침에 생각하기도 힘든 미개인의 정신 수준과는 매우 멀다.

인류가 농업 기술에 전념할 수 있게 되기까지는 다른 여러 가지 기술의 발명이 필요했다. 철을 녹이고 벼리기 위해 사람의 손이 필요하게 되자, 곧 그들을 먹여 살리기 위해 또 다른 사람이 필요하게 되었다. 노동자의 수가 증가할수록 공동의 먹을거리를 공급하기 위한 일손은 점점 적어지는 반면 그것을 소비하는 입은 늘어만 갔다. 그리고 자기가 생산한 철을 식료품과 교환하려는 사람들이 있었기 때문에, 더 많은 식료품을 생산해내기 위해 철을 사용하고자 했던 사람들은 그 비밀을 알아낼 수 있었다. 이렇게 함으로써 한편으로는 경작과 농업기술이, 다른 한편으로는 금속을 가공하고 그 용도를 넓히는 방법이 생겨났다.

토지의 경작은 필연적으로 토지의 분배라는 문제를 낳았으며 일단 소유가 인정되자 정의에 관한 최초의 규칙이 생겼다. 각자의 소유를 확인하기 위해서는 일단 각자가 무엇인가를 소유할 수 있어야만 했기 때문이다. 게다가 사람들은 미래에 눈을 돌리기 시작했다. 모두들 장차 잃어버릴지도 모르는 재산을 어느 정도 가지고 있다는 것을 알게 되면서 자기가 남에게 끼칠지도 모르는 피해가 바로 자기에게도 일어날지 모른다는 걱정을 하게 되었다. 이러한 기원은 이제 막 생겨난 소유의 관념이 육체 노동 이외의 것에서 유래한다고는 생각할 수 없는 만큼 더욱 자연스러운 일이다. 자기 손으로 만들지 않은 것을 자기의 것으로 삼기 위해서 인간이 과연 자신의 노동 외의 그 무엇을 내놓을 수 있을지 생각해보면 알 수 있을 것이다. 오직 노동만이 경작자에게 자신이 경작한 토지의 산물에 대한 권리를 적어도 수확기까지 부여하며, 따라서 토지에 대한 권리를 해마다 보유할 수 있게 해준다. 이러한 토지의 점유possession가 반복되면 그것은 쉽게 소유로 전환된다.[132] 그로티우스에 따르면, 고대인들은 케레스[133]에게 입법자라는 명칭을 주고 이 여신에게 경의를 표하는 제전에 '테스모포리아Thesmophoria'[134]라는 명칭을 부여함으로써 토지의 분배가 새로운 종류의 권리, 즉 자연법에서 생겨난 권리와는 다른 '소유'라는 권리를 낳았다는 사실을 보여주었다고 한다.

만약 사람들의 재능이 동등하여, 이를테면 철의 사용과 식료품의 소비가 항상 정확한 균형을 이루고 있었다면 사물들은 평등하게 그러한 상태로 머물 수 있었을 것이다. 그러나 이러한 균형은 그것을 유지해줄 만한 근거가 아무것도 없었기에 곧 붕괴되었다. 힘이 센 사람은 더 많은 일을 했고 손재주가 있는 사람은 자기의 노동을 더 교묘히 이용했으며 재간이 있는 사람은 노동을 절감시키는 방법을 더 많이 고안해냈다. 경작자는 더 많은 밀을 필요로 했고 대장장이는 더욱 많은 철을 필요로 했다. 그리고 똑같이 일을 하면서도 어떤 사람은 많이 벌었고 어떤 사람은 간신히 먹고살았다. 이리하여 자연적 불평등이 새로운 원인의 결합135에 따른 불평등과 더불어 조금씩 전개되었다. 환경의 차이에 따라 발전한 사람들 사이의 차이는 그 결과에서 더욱 현저해지고 더욱 오랫동안 지속되어, 같은 비율로 각 사람들의 운명에 영향을 주기 시작했다.

사태가 여기까지 이르면 나머지는 짐작하기 어렵지 않다. 나는 다른 기술의 지속적인 발명이나 언어의 발달, 재능의 시험과 활용, 재산의 불평등, 부의 이용 또는 남용, 그리고 그 뒤에 계속되는, 각자가 쉽게 보충해 이해할 수 있는 온갖 세부 사항에 대해 일일이 설명하지는 않겠다. 나는 단지 이 새로운 질서 속에 놓인 인류를 한번 훑어보는 데 그치려 한다.

자! 이제 우리 인간의 모든 능력은 발전하고 기억력과 상상력은 작용하기 시작했다. 이기심은 이해 관계에 눈뜨고 이성은 활발해졌으며 정신은 도달할 수 있는 한 거의 완성이라 할 만한 정점에 거의 도달해 있다. 그리고 자연의 모든 요소가 활동을 시작하여, 각자의 지위와 운명은 재산의 많고 적음이나 다른 사람에게 도움이 되거나 해가 될 수 있는 능력뿐만 아니라, 정신이나 아름다움, 체력이나 재주, 장점이나 재능 등에 의해서도 정해지게 되었다. 그리고 이런 자질을 지닌 사람들이라야 남의 존경을 받을 수 있었으므로 그 자질들을 실제로 갖추든지 적어도 갖고 있는 척이라도 할 필요가 있었다. 다시 말해 자기의 이익을 위해서는 실제의 자기와는 다른 모습을 보여줄 필요가 있었다.[136] 그리하여 실체와 외관은 서로 전혀 다른 것이 되었다. 그리고 이러한 구별에서 위압적인 호사豪奢의 과시와 기만적인 책략, 이에 따르는 모든 악덕이 쏟아져 나왔다. 이전에는 자유롭고 독립적이었던 인간이 이제는 무수한 새로운 욕구로 인해, 이를테면 자연 전체에, 특히 자기 동족에게 복종하게 되어, 결국 그는 그 동족의 주인이면서도 어떤 의미에서는 그들의 노예가 되었다. 즉 그가 부유하다면 그들의 봉사가 필요하고 가난하다면 그들의 원조가 필요하게 된 것이다. 그리고 중간 정도의 사람들도 그들 없이는 살아갈 수 없게 되었다. 그러므로 인간은 끊임없이 동족이 자신의 운명에 관심을 갖도록, 실질적으로나 표면상으로 그의 이익을 위해 일하는 것이 자기들의 이익이라 생각하도록 노력하지 않으면 안 된다. 그러므로 그는 어떤 사람들에 대해서는 교활하고 위선적이며 어떤 사람들에 대해서는 권위적이고 냉혹하다. 그리고 자기가 필요로 하는 모든 사람들을 두려워하게 만들 수 없거나 그들에게 도움을 주는 것이 자기에게 그다지 이익이 되지 않는다고 판단했을 때는 그들을 속이지 않을 수 없게 된다. 마침내 인간은 탐욕스러운 야심이나 진정한 필요성 때문이 아니라 재산을 늘려 남보다 우위에 서려는 열망 때문에 서로를 해치려고 하는 옳지 못한 경향을 불러일으키고, 더욱 확실한 성공을 거두기 위해서 친절의 가면을 쓰기 일쑤이기에 더욱 위험하다고 할 수 있는 은밀한 질투심을 불러일으킨다. 요컨대 한편으로는 경쟁과 대항이, 다른 한편으로는 이해利害의 대립이 있게 되는데 이 모두가 남을 희생시켜 자기의 이익을 도모하려는 숨겨진 욕망일 뿐이다. 이 모든 악은 소유가 낳은 최초의 결과이며 이제 자라나기 시작한 불평등과는 따로 떼어 생각할 수 없는 동반자이다.

부를 나타내는 표시〔화폐〕가 발명되기 전에는 부는 주로 토지와 가축만으로 이루어져 있었다. 그것이 사람들이 소유할 수 있는 유일한 실질적 재산이었다. 그런데 상속 재산의 수나 범위가 늘어나 땅 전체를 덮고 서로 경계를 접하게 되자, 타인을 희생시키지 않고서는 자기 재산을 늘릴 수 없게 된 사람들이 생겨났다. 그리고 무력하거나 무관심했기에 제대로 상속을 받지 못한 자들은 주위의 변화를 따라가지 않았기에 아무것도 잃은 것이 없지만 가난뱅이가 되었고 부득이 먹고 살 것을 부자에게서 얻거나 빼앗아야만 했다.137 이렇게 되자 사람들 각자의 다양한 성격에 따라 지배와 굴종 또는 폭력과 약탈이 발생하기 시작했다. 한편 부유한 자들은 남을 지배하는 즐거움을 알게 되자 다른 모든 쾌락을 무시하게 되었다. 그리하여 부자들은 새로운 노예를 얻기 위해 기존의 노예를 부려 이웃 사람들을 정복하고 예속시키려는 생각밖에 하지 않았다. 그것은 마치 사람의 고기 맛을 한번 알게 된 굶주린 늑대가 다른 먹이는 거들떠보지도 않고 오로지 사람만 잡아먹으려 하는 것과 같았다.

이렇게 해서 가장 강한 자 또는 가장 궁핍한 자가 그의 힘이나 욕구를 타인의 재산에 대한 일종의 권리—그들이 볼 때 소유의 권리와 동등한 권리—로 생각함에 따라 평등은 깨지고 뒤이어 가장 끔찍한 무질서가 초래되었다. 이렇게 해서 부유한 자의 횡령과 가난한 자의 약탈과 모든 이들의 방종한 정념이 자연적인 연민이나 아직은 약한 정의의 목소리를 잠재우면서 인간들을 인색하고 야비하고 악독하게 만들었다. 가장 강한 자의 권리와 최초의 점유자의 권리 사이에는 끊임없이 분쟁이 일어났으며, 그것은 투쟁과 살인에 의해 종식될 수밖에 없었다. 갓 태어난 사회는 더없이 끔찍한 전쟁 상태로 변해버렸다. 비천하고 황폐해진 인류는 이미 과거로 되돌아갈 수 없었고 불행하게도 스스로 얻은 것을 포기할 수도 없었으며, 자신을 영광스럽게 하는 모든 능력을 남용함으로써 치욕만을 더하게 되어 드디어 스스로 몰락하기 직전에 이르렀다.

부자도 가난뱅이도, 이처럼 새로운 악에 질겁해, 오직 재물을 멀리하고자 하며 일찍이 탐내던 것을 이제 와서는 혐오한다.[138]

이와 같은 비참한 상태에 대해, 자신들이 겪는 여러 가지 재난에 대해 반성이 전혀 없지는 않았다. 특히 부자들은 자기들만이 일체의 비용을 부담해온 끊임없는 전쟁이 그들에게 얼마나 많은 손해를 끼쳤는가를 곧 깨달았을 것이다. 그 전쟁에서 생명의 위험은 누구에게나 공통된 것이었지만 재산의 위험은 개인적인 것이었다. 그리고 그들이 그 횡령에 어떤 외양을 부여하든 그것은 단지 불확실하고 부당한 권리를 내세우고 있는 데 불과하며, 또 그 횡령은 오직 힘으로 이루어진 것이므로 그것을 다시 힘에 의해 빼앗긴다 해도 아무 할 말이 없다는 것을 그들은 잘 알고 있었다. 뛰어난 솜씨만으로 부자가 된 자도 자신의 소유에 대해 내세울 만한 명분이 없었다. 예컨대 "이 울타리를 세운 것은 나다. 나는 내 노동으로 이 땅을 얻었다"고 우겨봤자 아무 소용이 없었다. 누군가가 "누가 당신에게 경계선을 정해주었느냐"고 대꾸할 수도 있다. 그리고 "우리가 부과한 적도 없는 노동의 대가를 무슨 근거로 우리에게 지불하도록 요구하느냐?", "당신은 주체할 수 없을 만큼 많이 갖고 있지만 그것이 없어서 굶주리고 있는 당신의 형제들이 얼마나 많은지 아는가?", "당신이 자기 몫 이상의 것을 공동의 식량에서 취하여 소유하려면 모든 사람들에게서 만장일치의 명백한 동의를 받아야 한다는 것을 모르는가?"라고 말할 수도 있다. 이리하여 부자는 자신의 입장을 정당화할 유효한 이유나 자신을 방어할 충분한 힘도 없고, 한 사람 정도는 쉽게 짓누른다 해도 강도 떼에게는 오히려 짓밟힐 수밖에 없고, 상호간의 질투심 때문에 약탈의 공통된 희망으로 결집된 적들에 대항하여 자기의 동료들과 결합할 수도 없어서 만인에서 홀로 맞서게 되었다. 마침내 부자는 절박한 필요에 따라 인간의 정신 속에 일찍이 스며든 적이 없는 가장 교묘한 계획을 생각해냈다. 그것은 바로 자신을 공격하는 자들의 세력 자체를 자신에게 유리하게 사용하고, 자신의 적대자들을 자신의 방어자들로 만들고, 그 적대자들에게 다른 준칙을 불어넣어 자연법이 자신에게 불리했던 것과 마찬가지로 자신에게 유리한 다른 제도들을 그들에게 부여하는 것이었다.

이와 같은 의도에서, 부자는 그의 이웃 사람들에게 모두가 서로에 대해 무장하고 그들의 소유를 그들의 욕구와 마찬가지로 부담스럽게 하며 가난하든 부유하든 자신들의 안전을 확신할 수 없는 상황의 두려움을 설명했다. 그 후 부자는 자기의 목적을 달성하기 위해 이웃 사람들을 이용할 수 있는 그럴듯한 이유를 쉽사리 생각해냈다. 그는 그들에게 다음과 같이 말했다. "약자를 억압에서 보호하고 야심가를 제지하며 각자에게 소유를 보장해주기 위해 단결합시다. 정의와 평화를 가져다주는 규칙을 정합시다. 그것은 모든 사람들이 지켜야 하며, 어느 쪽도 차별하지 않고 강자와 약자를 평등하게 서로의 의무에 따르게 하는, 말하자면 운명의 변덕을 보상하려는 규칙입니다. 요컨대 우리의 힘을 우리에게 불리한 방향으로 돌리지 말고 하나의 최고 권력에 집중시킵시다. 현명한 법률에 따라 우리를 다스리고, 사회의 모든 성원을 보호하고 방위하며, 공동의 적을 물리치고, 영원히 우리를 단합시키는 권력에 집중시킵시다!"[139]

사실, 무지하고 속아넘어가기 쉬운 사람들을 끌어들이는 데는 이런 설명조차 필요 없었다. 더구나 그들 사이에는 피차 해결해야 할 일들이 너무 많아서 중재자가 꼭 필요했고, 욕심과 야심이 지나쳐 통솔자 없이는 생활을 유지해나갈 수 없는 실정이었다. 누구나 자신의 자유를 확보할 심산으로 자신의 쇠사슬을 향해 달려갔다. 왜냐하면 그들은 정치 제도의 이점을 느낄 만한 이성은 갖고 있었지만 거기에 따르는 위험을 내다볼 정도로 충분한 경험을 갖고 있지는 못했기 때문이다. 그러한 위험을 가장 잘 예감하고 있었던 자들은 바로 그것을 이용하려는 사람들이었다. 게다가 현명한 사람들까지도 마치 부상자가 신체의 나머지 부분을 구하기 위해 팔을 잘라내게 하듯이 자기들이 갖고 있는 자유의 일부를 다른 부분을 보존하기 위해 희생시켜야 한다고 생각했다.

사회와 법률의 기원은 이러하거나 이러했을 것임에 틀림 없다. 이 사회와 법률은 약자에게는 새로운 구속을 부여하고 부자에게는 새로운 힘을 부여해 자연적 자유를 영원히 파괴해버리는가 하면, 소유와 불평등의 법률을 영구히 고정시키고 교활한 횡령을 당연한 권리로 확립시켜 그 후 온 인류를 몇몇 야심가들의 이익을 위해 노동과 예속과 비참에 복종시킨 것이다.

단 하나의 사회가 성립하기 위해서 다른 모든 사회의 성립이 어떻게 필요하며, 상대의 단결된 힘에 대항하기 위해서 이쪽에서 어떻게 단결해야 하는지는 쉽게 알 수 있다. 사회는 급속도로 수가 증가하고 면적이 늘어나 마침내 지구 표면 전체를 덮어버렸다. 사람들은 세상 어디를 가나 속박에서 벗어날 수 없게 되었으며, 누구의 머리 위에나 매달려 있는 검이 잘못되어 떨어질 때[140] 목을 움츠려 피할 수 있는 장소를 찾아내기가 벌써 불가능하게 되어버렸다. 이리하여 시민법[141]이 공동체 성원들의 공통된 규칙이 되었으므로, 자연법은 서로 다른 사회 사이에서만 유지되었다. 이로써 자연법은 국제법이라는 명칭으로 암묵적인 약속에 따라 교류를 가능하게 하고 자연적 동정심을 대신하는 것으로 약화되었다. 따라서 자연적 동정심이 인간과 인간 사이에서 행사하고 있던 모든 힘이 사회와 사회 사이에서는 거의 상실되고 말았다. 이 때문에 자연적 동정심은 이미 여러 민족을 갈라놓고 있는 상상적 장벽을 초월하여, 그들을 창조한 지고의 존재를 본받아 인류 전체를 박애를 통해 끌어안으려는 몇몇 위대한 세계 시민적인 인간의 영혼 속에서만 존재할 따름이었다.

이렇게 해서 서로간에는 여전히 자연 상태에 머무르고 있던 다양한 정치체들도 곧 개인을 자연 상태에서 벗어나게 한 바로 그 불편을 느끼기 시작했다. 그러한 대규모 집단들 사이에서 이러한 상태는 그 구성원이 각 개인 사이에 있었던 때보다 더욱 치명적인 결과를 초래했기 때문이다. 자연을 전율케 하고 이성에 어긋나는 국민간의 전쟁이나 전투, 살육, 복수, 그리고 인간의 피를 흘리게 해서 얻은 명예를 미덕으로 간주하는 저 끔찍한 편견이 이러한 상태에서 생겨나게 되었다. 가장 교양 있는 사람들조차 동포의 목을 자르는 것이 하나의 의무가 될 수 있다고 생각하게 되었다. 마침내 이유도 모르면서 서로 수천 명씩 학살했고, 자연 상태의 인간들이 지구의 전 지역에서 몇 세기에 걸쳐 저지른 것보다 더 많은 살육이 단 하루 동안의 전투에서 자행되었으며, 한 도시가 점령될 경우에는 더욱 끔찍한 일들이 벌어졌다. 이것이 인류가 여러 가지 사회로 분할된 데서 엿볼 수 있는 최초의 결과다. 그러면 화제를 바꾸어 이러한 사회들의 제도에 대해 알아보도록 하자.

몇몇 사람들이 정치적 사회는 강자의 정복이나 약자의 단결[142]에서 유래한다고 주장하고 있음을 나는 알고 있다. 그러한 원인들 가운데 어느 것도 내가 여기서 증명하려고 하는 내용과 관계가 없다. 그러나 내가 방금 설명한 원인은 다음과 같은 이유에서 가장 자연스럽다고 생각된다. 첫째, 앞에서 말한 강자의 정복이라는 경우에서 정복의 권리 그 자체는 아무 권리도 아니므로 다른 권리의 근거가 될 수 없다. 그것은 완전한 자유 상태로 다시 돌아간 국민이 자진하여 정복자를 자기의 우두머리로 선택하지 않는 한 그 정복자와 피정복자인 국민은 언제까지나 서로 전쟁 상태로 있기 때문이다. 그때까지는 설사 항복을 했다 하더라도 폭력에 의해 강요된 것이므로 사실상 아무런 의미가 없다. 이렇게 볼 때 조금 전에 들었던 가설에서는 진정한 사회나 정치체가 존재할 수 없으며, 그리고 강자의 법 이외의 어떤 법률도 존재할 수 없다. 둘째, 약자의 단결이라는 경우를 놓고 볼 때, 이 '강하고' '약하다'는 말 자체가 애매하다. 소유 또는 선점자의 권리 확립과 정치적 지배의 확립 사이에 놓인 중간 시기에서는 '강하다'거나 '약하다'는 말보다 '가난하다'거나 '부유하다'는 말이 더욱 적절한 표현이 될 수 있다. 왜냐하면 법률이 생기기 전에는, 누군가가 자기와 동등한 자를 복종시키려 한다면 상대방의 재산을 빼앗거나 자기 재산을 얼마간 상대방에게 나눠주는 방법밖에 없었기 때문이다. 셋째, 자유 외에는 아무것도 잃을 것이 없는 가난한 자가 교환으로 얻을 것이 전혀 없는데도 자기들에게 남아 있는 유일한 재산을 자진하여 포기한다는 것은 어리석기 짝이 없는 일일 것이다. 이와 반대로 부자는, 이를테면 자기 재산의 모든 부분에서 민감하므로 손해를 입기가 훨씬 쉬웠다. 그러므로 그들은 손해를 막기 위해 더욱 조심할 필요가 있었다. 요컨대 사물은 그것으로 인해 손해를 입는 사람들보다는 덕을 보는 사람들에 의해 발생했다고 생각하는 것이 합당할 것이다.

세워진 지 얼마 안 되는 정부는 변함없는 합법적인 형태를 전혀 갖추고 있지 않았다. 철학과 경험의 부족으로 눈앞의 불편에만 관심을 가졌으므로, 그 밖의 불편에 대해서는 코앞에 닥친 뒤에야 겨우 고칠 생각을 했다. 가장 현명한 입법자들이 온갖 노력을 기울였음에도 불구하고 정치 상태는 언제나 불완전했다. 정치 상태란 거의 우연의 소산이며 출발부터가 좋지 않았던 까닭에, 시간이 흐름에 따라 결점이 발견되고 대책이 제시되긴 했지만 구조적인 결함 자체를 바로잡을 수는 없었기 때문이다. 훌륭한 건물을 세우기 위해서는 리쿠르고스Lycur-gos[143]가 스파르타에서 한 것처럼 우선 부지를 청소하고 낡은 건축 자재들을 말끔히 치워야 하는데, 사람들은 끊임없이 수리만 해댔던 것이다. 초기의 사회는 몇 가지 일반적인 협약만으로 성립되어 있었다.[144] 모든 개인은 그것을 준수할 것을 약속하며 공동체는 그들 각자에 대해 그 협약의 보증인이 되었다. 그와 같은 조직이 얼마나 취약하며, 공중公衆만이 증인이자 재판관일 때 범죄자들이 얼마나 손

쉽게 과실에 대한 증명이나 처벌을 피할 수 있는가는 경험을 통해서만 알 수 있는 일이었다. 이렇듯 법망을 벗어나기가 어렵지 않은데다가 불편과 무질서가 계속해서 증가하게 되자 사람들은 드디어 위험하게도 법을 집행하는 권력을 몇몇 개인에게 위임하고 국민의 의결 사항을 지키게 하는 일을 행정관들에게 맡겼다. 동맹이 결성되기 전에 통치자가 먼저 선출되었다거나 법률보다 앞서서 법률의 집행자가 존재했다는 가정들은 반박할 가치도 없었기 때문이다.

국민들이 애당초 아무런 조건이나 반대급부 없이 절대적 지배자에게 몸을 내맡겼다거나, 자존심이 강하고 쉽게 복종하지 않으려는 사람들이 공동의 안전을 위해 생각해낸 최초의 수단이 노예 상태에 뛰어드는 것이었다고 생각하는 것도 마찬가지로 이치에 맞지 않다.[145] 실제로 그들이 억압에서 자신을 지키기 위해서가 아니라면, 그러니까 그들의 존재를 구성하는 요소인 재산이나 자유나 생명을 보호하기 위해서가 아니라면 무엇 때문에 자기보다 높은 인간을 선출했겠는가? 그런데 인간과 인간의 관계에서 발생할 수 있는 최악의 경우란 한쪽이 다른 쪽에 예속되는 것이므로, 통치자의 도움을 빌려 지키려고 했던 것들을 모두 통치자의 손에 맡겨버린 것은 양식에 위배되는 일이 아니었을까? 그처럼 소중한 권리를 양도한 대가로 통치자에게서 과연 그에 상응하는 무엇인가를 얻을 수 있었을까? 만일 통치자가 국민의 안전한 생활을 지켜준다는 구실로 그 권리를 양도하라고 감히 요구했더라면, 그는 곧 우화[146]에 나오는 다음과 같은 답변을 듣게 되었을 것이다. "적이 우리에게 더 이상 어떻게 할 수 있단 말인가?" 국민들이 통치자를 세우는 이유가 그에게 예속되기 위해서가 아니라 자기들의 자유를 지키기 위해서였다는 것은 두말할 나위도 없다. 그것은 모든 국법의 기본적인 준칙이다. 플리니우스는 트라야누스에게 "제가 군주를 섬기는 것은 주인을 갖게 될까 두려워서입니다"[147]라고 말했다.

자유에 대한 사랑에 관하여 정치가들은 철학자들이 자연 상태에 대해 말한 것과 같은 궤변을 곧잘 늘어놓는다. 그들은 보이는 사물을 가지고 아직 본 적이 없는 전혀 다른 사물을 판단한다. 그리고 눈앞의 사람들이 노예 상태를 참아내는 것을 보고는 인간에게는 예속에 대한 자연적인 성향이 있다고 생각한다. 그리고 자유란 순결이나 미덕 같은 것으로서 그것을 소유할 때만 가치를 느낄 수 있으며 그것을 잃어버리면 그것에 대한 취미도 곧 잃어버리게 된다는 사실은 생각해보지도 않는다. 브라시다스Brasidas[148]는 스파르타의 생활을 페르세폴리스[149]의 생활과 비교하는 어떤 태수太守에게 이렇게 말했다. "나는 당신네 나라의 행복을 잘 알고 있소. 그러나 당신은 우리나라의 즐거움을 알지 못하오."

잘 훈련된 말은 채찍이나 박차를 참을성 있게 견디지만 길들여지지 않은 말은 재갈만 가까이 대도 갈기를 곤두세우고 땅을 발로 차며 사납게 발버둥친다. 이와 마찬가지로 야만인은 문명인이 별 저항 없이 받아들이는 멍에를 향해 결코 목을 내밀지 않는다. 그리고 평온한 굴종보다는 파란만장한 자유를 택한다. 그러므로 인간에게 예속에 대한 자연적인 성향이 있는지는 노예가 된 인민의 전락에 따라 판단할 것이 아니라 모든 자유로운 인민이 억압에서 스스로를 지키기 위해 행한 기적적인 행동에 따라 판단해야 한다. 나는 노예가 된 인민이 쇠사슬에 매인 채 누리고 있는 평화와 안식을 끊임없이 찬양하며 "비참하기 그지없는 예속을 평화라는 이름으로 부르고 있는 것"150을 잘 알고 있다. 그러나 자유를 잃어버린 자들이 멸시하는 저 자유라는 유일한 재산을 지키기 위해 쾌락과 안식, 부와 권력, 심지어 생명까지도 바치는 사람들을 볼 때, 그리고 자유롭게 태어난 동물이 감금 상태를 몹시 싫어하여 감옥의 쇠창살에 머리를 찧어대는 모습을 볼 때, 또한 벌거벗은 수많은 미개인들이 유럽인의 향락을 경멸하고 오로지 자기들의 독립을 지켜나가려고 굶주림과 불, 칼과 죽음마저도 두려워하지 않는 것을 볼 때, 자유에 대한 논의는 노예들의 소관이 아니라는 생각이 든다.

　몇몇 사람들은 전제적인 정치 체제와 모든 사회가 아버지의 권력151에서 유래했다고 생각한다. 그것에 대해서는, 로크나 시드니Algernon Sidney의 반증을 예로 들 필요도 없이 다음과 같은 점들을 유념하는 것만으로도 충분하다.152

이 세상에 권력의 부드러움만큼 전제군주제의 잔인한 정신과 거리가 먼 것은 없다. 그것은 명령하는 자의 유용성보다 복종하는 자의 이익을 더 염두에 둔 것이다. 그리고 자연법에 따르면, 아버지는 그의 도움이 아이들에게 필요한 동안만 그들의 주인이며 이 기간이 지나면 양자는 평등해진다. 그때 자식은 아버지에게서 완전히 독립하며, 아버지를 존경할 의무는 있어도 아버지에게 복종할 의무는 없다. 아버지의 은혜에 대해서 감사의 뜻을 표하는 것은 분명히 이행해야 할 의무지만 누구에게도 요구할 수 있는 권리는 아니기 때문이다. 시민 사회가 아버지의 권력에서 유래하는 것이 아니라 오히려 그 권력이 시민 사회에서 주된 힘을 끌어냈다고 해야 할 것이다. 한 개인이 여럿의 아버지로 인정받은 것은, 그의 둘레에 여럿이 모여 있을 때뿐이었다. 아버지가 마음대로 처리할 수 있는 재산은 자식들이 그에게 의존하도록 매어두기 위한 사슬이다. 그리고 아버지는 자신의 호의에 대해 자식들이 경의를 표시하는 정도에 따라 재산을 상속할 수도 있고 그렇지 않을 수도 있다. 그렇지만 백성들은 전제군주에게 이와 비슷한 은혜를 기대할 수 있기는커녕, 그들 자신이나 그들이 가지고 있는 모든 것이 군주의 것이거나 군주가 그렇다고 주장함에 따라, 분명 자기 재산임에도 군주가 적선하듯 주는 것을 은혜인 양 받아들여야 할 입장이다. 군주가 백성의 재산을 약탈하는 것이 정의를 행하는 것이며, 백성을 살려두는 것이 은총을 베푸는 것이 되었다.

이와 같이 권리를 통해 사실을 검토해보면, 전제 정치의 자발적인 성립이라는 주장에는 확실성이나 진실성을 찾아볼 수 없다. 게다가 양자 가운데 어느 한쪽에만 의무를 지우고 다른 한쪽에는 아무런 부담도 주지 않기 때문에 결과적으로 의무를 지는 쪽만 손해를 보는 이러한 계약의 유효성을 납득시킨다는 것은 힘든 일이라고 하겠다. 이 저주스러운 제도는 오늘날에도 현명하고 선량한 군주들, 특히 프랑스 국왕들의 제도와는 매우 거리가 있는 것이다.[153] 이 점에 대해서는 프랑스 국왕들이 내린 칙령 곳곳에서, 특히 루이 14세의 명령에 따라 1667년에 왕의 이름으로 발표된 유명한 문서[154]의 다음과 같은 문장 속에서 찾아볼 수 있다. "그러므로 우리는 주권자가 그 국가의 법률에 종속되지 않는다는 등의 말을 해서는 안 된다. 그 반대의 명제가 국제법의 진리이며, 아첨꾼들이 수시로 이 진리를 공격할 때에도 선량한 군주들은 언제나 이것을 국가의 수호신으로 옹호했다. 현자 플라톤과 더불어 이렇게 말하는 것은 얼마나 정당한 일이겠는가? '왕국의 완전한 행복은, 군주가 그 백성의 신임을 얻어 백성들이 복종하고 군주는 법률에 복종하며 그 법률은 공정성과 언제나 공공 복지를 지향하는 데 있다.'" 여기서 나는, 자유는 인간의 여러 가지 능력 중에서 가장 고귀한 것이므로, 잔인하고 무분별한 주인을 기쁘게 하기 위해 하느님이 준 선물 가운데 가장 귀한 것을 거리낌없이 포기하거나, 하느님이 금지한 모든 죄악을 마구 저지르는 행위는 인간의 본성을 타락시켜 본능의 노예인 짐승의 수준으로 떨어뜨리며 자기 존재의 창조자마저 욕되게 하지 않을까를 따질 생각은 없다. 또한 숭고한 장인이 자신의 최고 명작이 손상되는 광경을 보는 것보다 그것이 파괴되는 광경을 보는 것에 더 분노해야 마땅한가를 규명할 생각도 없다.[155] 다만 이렇게까지 자기의 품위를 떨어뜨려도 아무렇지 않은 자들이 무슨 권리로 자손을 똑같은 불명예에 복종시킬 수 있으며, 또한 자손들이 그들의 적선으로 얻게 된 것이 아닌 자유라는 재산—세상을 살 만한 가치가 있는 사람들에게는 그것 없이 살아가는 것 자체가 고통스러운—을 무슨 권리로 자손들 대신 포기할 수 있는지를 묻고자 한다.

푸펜도르프는 "인간은 합의나 계약에 따라 재산을 남에게 양도하듯 누군가를 위해 자신의 자유를 포기할 수도 있다"고 말하고 있다.[156] 이것은 매우 잘못된 추론이라고 생각된다. 첫째, 내가 양도하는 재산은 나와 전혀 무관하여 설령 남용되더라도 상관이 없으나, 남이 내 자유를 남용하지 않는다는 것은 나에게 중요한 일이며, 억지로 강요되어 저지르는 악에 대해 책임을 질 각오가 되어 있지 않으면 나는 스스로 범죄의 도구가 되는 위험을 무릅쓸 수 없기 때문이다. 뿐만 아니라 소유권은 사람 사이의 합의와 제도에 불과하므로 누구나 자신이 소유하고 있는 것을 마음대로 처분할 수 있다. 그러나 생명이나 자유 같은 자연의 본질적인 선물don은 그렇지 않다. 그것은 누구나 향유할 수 있지만 그것을 포기할 권리까지 있는지는 적어도 확실치 않다. 즉 양자 가운데 한쪽〔자유〕을 제거하면 인간의 품위는 떨어지고, 다른 쪽〔생명〕을 제거하면 인간의 존재는 소멸된다. 그리고 이 세상의 어떤 재산으로도 그 양자 가운데 어느 것도 보상할 수 없으므로, 어떤 대가를 치르더라도 이것을 포기하는 것은 자연과 이성을 동시에 거스르는 일이 된다. 그러나 설사 사람들이 재산과 마찬가지로 자신의 자유를 양도할 수 있다 하더라도, 권리를 이양함으로써 비로소 부친의 재산을 향유하게 된 자식들에게는 그 차이가 상당할 것이다. 자유는 그들이 인간이라는 자격으로 자연에게서 받은 선물이므로, 어느 부모도 자식들에게서 이 자유를 빼앗을 수 있는 권리는 없기 때문이다. 그러므로 노예 제도를 확립하기 위해서는 자연을 곡해하지 않을 수 없었던 것처럼, 이 권리를 영속시키기 위해서는 자연을 변화시키지 않으면 안 되었다. 법률가들은 노예의 자식들은 태어나면서부터 노예가 된다고 엄숙히 선고했는데, 이것은 달리 말하면 인간이 인간으로 태어나지 않는다고 결론 내린 것이나 다름없다.

이렇게 볼 때 다음과 같은 것은 확실해 보인다. 즉 정부는 단지 전제적인 권력에서 시작된 것만은 아니다. 전제적인 권력은 정부의 부패가 극에 달한 형태에 불과하며, 결국은 정부―애초에는 그러한 폐단을 제거하기 위해 정부가 만들어졌다―를 유일한 강자의 법으로 이끌게 된다. 또한 정부가 이런 방식으로 시작된 것이라 하더라도 전제적인 권력은 본래 비합법적인 것이므로 사회의 제반 법률에 대해서도, 결과적으로 제도의 불평등에 대해서도 토대를 제공해줄 수 없었을 것이다.

모든 정부의 기본적인 계약이 갖는 성질에 대해 아직도 해야 할 연구에는 깊이 들어가지 않겠다. 여기서는 다만 세상의 통념에 따라 정치체의 성립을 인민과 그들이 선택한 통치자 사이의 참된 계약이라고 보는 데서 그치고자 한다. 이 계약에서 당사자 양측은 그 속에 명시된 법규들을 준수해야 하며 그럼으로써 쌍방의 결합은 확고해진다. 인민은 사회적인 관계라는 측면에서는 그들 모두의 의지를 하나의 의지로 결합시켰다. 그러므로 이 의지가 표명되고 있는 모든 조항은 각각 기본적인 법률이 되어 국가의 모든 구성원들에게 예외 없이 의무를 부가하고 있다. 그리고 그 가운데 하나는 법률의 집행을 감시하는 임무를 맡은 행정관의 선정과 그 권력을 규정하고 있다. 이 권력은 정치 구조를 유지할 수 있는 모든 것에 적용되지만 그것을 변경까지 할 수 있는 것은 아니다. 그리고 거기에 법률과 그 집행자들을 존경하게 만드는 여러 가지 명예가 주어지고, 집행자 개인에 대해서는 그들이 선정

善政을 위해 기울인 노고에 대한 보상으로 여러 가지 특권이 부가된다. 대신 행정관은 자기에게 맡겨진 권력을 오직 맡긴 자의 의향에 따라 행사하고 각자가 자기의 소유물을 언제나 안전하게 향유할 수 있도록 하며 어떤 경우에도 자기의 이익보다는 공공의 이익을 우선시해야 할 의무가 있다.

이와 같은 정치 구조가 갖는 불가피한 폐해를 경험으로 알게 되거나 인간 마음에 대한 지식을 통해 예상하기 전에는 이 정치 구조의 유지를 감시하는 임무를 맡은 자들이 그 유지에 가장 큰 이해 관계를 갖는 만큼, 그 정치 구조는 가장 훌륭한 것으로 보였을 것이다. 왜냐하면, 행정관의 직분과 그 권리는 오직 기본적인 법률을 토대로 수립되었으므로, 그 법률이 폐기되기라도 하면 행정관은 비합법적이 되며 인민이 그들에게 복종할 의무는 없어져버리기 때문이다. 그리고 국가의 본질을 구성하는 것은 행정관이 아니라 법이므로 각자는 당연한 권리에 따라 자연적인 자유를 누리게 될 것이다.

이 점에 대해 우리가 조금이라도 주의 깊게 생각해나간다면 그것은 새로운 이유들을 통해 확증될 것이다. 아울러 계약을 그것의 본질에 비추어 보면 취소될 수 없는 것이 아님을 알게 된다. 계약 당사자의 충실한 이행을 보증하거나 서로 약속을 이행하도록 강요할 수 있는 우월한 권력이 없다면, 계약 당사자만이 자기들의 소송을 판결하는 재판관으로 남게 된다. 어느 쪽이든 상대가 그 계약 조건을 어기거나 그 조건이 자기에게 적합하지 않다고 여겨지면 언제고 계약을 포기할 권리도 갖고 있기 때문이다. 포기할 수 있는 권리는 바로 이 원칙을 근거로 구축될 수 있는 것 같다. 그런데 이러한 제도의 인간적인 요소만을 생각해볼 때 만약 모든 권력을 장악하고 그 계약에서 오는 모든 이익을 자기 것으로 삼는 행정관이 그 권력을 포기할 권리마저 보유하고 있다면, 통치자들의 모든 잘못의 대가를 치르고 있는 인민들도 종속을 벗어날 권리를 가져야 함은 말할 것도 없다. 그러나 이 위험한 권력이 필연적으로 불러일으키는 끔찍한 대립과 끝없는 혼란은 무엇보다도 다음과 같은 사실을 분명히 해준다. 즉 인간의 정부는 단순한 이성보다도 더욱 견고한 토대를 얼마나 필요로 했던가, 그리고 주권을 행사하는 위험한 권리를 백성들에게서 빼앗을 수 있는 신성 불가침의 성격을 최고 권한을 가진 권력 기관에 부여하기 위해 신의 의지가 개입하는 것이 얼마나 공공의 안녕에 필요했던가 하는 점이다. 비록 이 점을 제외하고는 종교가 인간에게 베풀어준 이득이 없다 하더라도, 그것만으로도 모든 인간이 종교를 그 폐해까지도 포함하여 소중히 여기고 신봉해야 할 충분한 이유가 된다. 종교가 광신 때문에 많은 피를 흘리게 하긴 하지만 그보다 더 많은 피를 절약하게 해주기 때문이다. 그러면 이제 우리가 세운 가설의 흐름을 따라가보자.

정부의 여러 가지 형태는 그 기원을 살펴보면, 그것이 수립되던 시기에 개개인 사이에서 볼 수 있었던 크고 작은 차이에서 비롯된다. 어떤 한 사람이 능력이나 덕망, 재산이나 개인적인 영향력에서 남보다 뛰어났다면, 그 사람만이 행정관으로 선출되고 이로써 국가는 군주제의 형태를 띠게 되었다. 만일 우열을 가리기 힘든 사람들이 몇 명 있다면 그들은 함께 선출되어 귀족제를 형성했다. 재산이나 재능이 그다지 불균형하지 않고 자연 상태에서 그리 멀리 이탈하지 않은 사람들은 최고의 행정권을 공동으로 보유하는 민주제의 형태를 취하게 되었다.[157] 이런 형태 가운데 어느 것이 사람들에게 가장 유리한가는 시간이 흐르면서 증명되었다. 어떤 사람들은 오로지 법률에만 복종했고 어떤 사람들은 결국 주인에게 복종했다. 시민들은 자기의 자유를 지키려고 했다. 그리고 신민臣民들은 자신들은 더 이상 누리지 못하게 된 행복을 남들이 누리는 데 분개하여 이웃 사람들에게서 자유를 빼앗을 궁리만 했다. 요컨대 한쪽에는 부富와 정복이 있었고 다른 쪽에는 행복과 미덕이 있었다.[158]

이와 같이 정부 형태는 서로 달랐지만 누가 어떤 관직을 맡을 것인가는 처음에는 모두 선거로 결정했다. 그리고 부가 아직 우세한 힘을 갖지 못했을 때는 자연적인 영향력을 보여주는 재능과, 일에서는 경험을, 토의에서는 침착성을 나타내는 연령을 우선시했다. 히브리인 장로들, 스파르타의 게론테스,[159] 로마의 원로원, 그리고 우리의 세뇨르Seigneur[160]라는 말의 어원 자체가 옛날에 노인층이 얼마나 존경받고 있었는가를 보여준다. 선거를 하면 으레 노인들이 뽑혔고 그럴수록 선거가 빈번해졌으므로 이에 따르는 폐단도 점점 심각해지게 되었다. 즉 협잡이 개입되고 분파가 형성되어 파벌 간의 갈등이 심해졌던 것이다. 마침내는 내란이 일어나 시민들의 피가 이른바 국가의 행복을 위해 바쳐지고 사람들이 다시 예전의 무정부 상태에 빠질 지경에 이르렀다. 야심에 찬 통치자들은 이 같은 사태를 이용하여 자기 가족 내에서의 지위와 직권들을 영구화했다. 인민은 이미 종속과 휴식과 생활의 안락에 길들여져 쇠사슬을 끊을 만한 힘도 없었으므로 자기들의 평안을 유지하기 위해 그 예속 상태를 강화하는 데 동의했다. 이와 같이 하여 세습제를 확립시킨 통치자들은 행정관의 직분을 세습 재산처럼 생각했으며, 애당초 국가의 관리에 지나지 않았던 그가 이제 스스로를 국가의 소유자로 생각하는 데 익숙해졌다. 그리하여 동포 시민들을 노예라 부르고 그들을 가축처럼 자기 소유물로 생각하며 신과 동등한 존재, 즉 '왕 중 왕'으로 자처하는 데 아무런 거리낌이 없었다.

이러한 모든 변천 가운데서 불평등의 진행을 따라가보면, 법과 소유권의 설정이 제1단계이고 행정 권력의 제도화가 제2단계이며 합법적인 권력에서 독단적인 권력으로 변화하는 것이 제3단계임을 알 수 있다. 따라서 부자와 빈자의 상태는 첫 번째 시대에 의해, 강자와 약자의 상태는 두 번째 시대에 의해, 주인과 노예의 상태는 세 번째 시대에 의해 성립되었다. 주인과 노예의 상태는 불평등의 마지막 단계로서, 새로운 변화가 나타나 정부 권력을 완전히 해체하거나 정당한 제도에 가깝게 만들 때까지는 다른 모든 단계가 거기로 귀착된다.

이러한 진전의 필요성을 이해하기 위해서는 정치체가 설립된 동기보다는 오히려 실행 과정에서 취하는 형태와 그것이 나중에 일으키는 여러 가지 부정적인 측면들을 생각해보아야 한다. 인간으로 하여금 사회 제도를 필요로 하게 만드는 악덕은 사회 제도의 남용을 피할 수 없게 만드는 악덕과 같은 것이기 때문이다. 법률이 주로 아이들의 교육을 감독하는 데만 관계되며, 따로 법률―법률은 대체로 정념만큼은 강하지 못하므로 인간을 억제할 수는 있지만 변화시킬 수는 없다―을 제정할 필요가 거의 없을 만큼 리쿠르고스가 사회 도덕을 확고히 세워놓은 스파르타를 유일한 예외로 간주하면, 부패하지도 변질되지도 않고 언제나 정확하게 수립된 목적에 따라 운영되는 정부는 반드시 필요하지도 않은데 세워졌다고 볼 수 있다. 그리고 아무도 법망에서 벗어나지 않고 행정관의 직분을 남용하지도 않는 나라는 행정관도 법률도 필요로 하지 않는다는 사실 역시 어렵지 않게 증명할 수 있을 것이다.

정치상의 차별은 필연적으로 시민들 간의 차별을 가져온

다. 인민과 통치자들 사이에 증가되어가는 불평등은 이윽고 개인들 사이에서도 느껴지게 되며, 정념이나 재능에 따라, 그리고 그때 그때 상황에 따라 바뀐다. 위정자는 권력을 탈취할 경우에 그 일부를 나눠주어야 할 부하를 만들지 않을 수 없을 것이다. 그리고 시민들이 압제를 용납한다 해도 그것은 다만 맹목적인 야심에 이끌려 자기 위보다는 아래를 내려다보면서 독립보다는 지배를 더 소중하게 여기고 그들이 타인을 쇠사슬에 묶기 위해 자진하여 쇠사슬에 묶이는 데 동의하는 동안뿐이다. 인간을 부리려는 야심을 조금도 갖고 있지 않은 자를 복종시키기란 매우 힘들다. 아무리 교묘한 정치가라도 자유롭기만을 원하는 사람들을 예속시키는 데 성공을 거두기는 어려울 것이다. 그러나 언제나 운명적인 위험을 무릅쓰고 자기에게 유리한가 불리한가에 따라 거의 무차별적으로 지배하기도 하고 봉사하기도 하는 야심 많고 비겁한 자들 사이에서는 불평등이 쉽사리 퍼져나간다. 그리하여 인민의 눈이 멀어 지도자들이 가장 열등한 자들을 향해 "위대할지어다, 그대와 그대의 가문은!" 하고 한마디 던지기만 하면, 그는 곧 자기 눈뿐만 아니라 모든 사람들의 눈에도 위대하게 보이고 그의 자손들은 세대를 거듭할수록 점점 지위가 올라가는 시대가 도래했을 것임에 틀림없다. 원인이 모호하고 불확실할수록 결과는 점점 불어났다. 그리고 일가 가운데 게으른 자의 수가 많아질수록 가문은 점점 유명해졌다.

여기서 좀더 세부적으로 검토한다면, 나는 다음과 같은 것을 쉽게 설명할 수 있을 것이다. 개인이 동일한 사회 속에 결합되어 서로 비교하고 끊임없이 이용하는 가운데 발견할 수 있는 차별을 고려하게 되면, 곧 그들 사이에 신용과 권위의 불평등이 생기지 않을 수 없다는 것이다.[161] 이와 같은 차별은 여러 가지로 구분할 수 있다. 그러나 일반적으로 부富, 신분이나 지위, 권력, 개인적인 장점이 주요한 구분 기준이 되며 여기에 따라 사회 속에서 개인들이 위치를 차지하므로, 나는 이들 서로 다른 세력의 조화나 충돌이 국가의 구성이 좋은가 그렇지 못한가를 판단하는 가장 확실한 지표임을 증명할 수 있다. 즉 이 네 가지 불평등 중에서는 개인적인 성질의 것이 다른 모든 것의 기원이므로, 부가 다른 불평등들이 귀착되는 근원적인 불평등임을 보여줄 수 있다. 부는 가장 직접적으로 안락을 위해 도움이 되며 가장 쉽사리 전할 수 있으므로 인간은 그 밖의 모든 것을 사들이기 위해 이 부를 자유롭게 사용하기 때문이다. 이러한 관찰을 통해서만 각 민족이 원래의 제도에서 괴리된 정도와 부패의 막바지로 향하게 된 과정을 비교적 정확하게 판단하게 할 수 있다. 나는 모든 사람들을 고통스럽게 하는 저 평판과 명예와 특권에 대한 보편적인 욕구가 얼마나 자주 재능이나 힘을 훈련시키고 비교하는지, 그리고 그 욕구가 얼마나 정념을 자극하고 증대시키는지에 주목하고 싶다. 뿐만 아니라 그 욕구가 얼마나 사

람들을 서로 경쟁하거나 경합하게, 더 정확히 말해 서로 적
대하게 만드는지를 지적하고 싶다. 이 때문에 자기 권리를
주장하는 그토록 많은 사람들이 언제나 같은 투기장闘技場을
달림으로써 대단히 많은 실패와 성공과 재앙을 불러일으킨
다는 것을, 그리고 유명해지고 싶어 하는 열망, 거의 언제나
우리를 흥분하게 하는 저 남보다 돋보이려는 열광 덕분에 인
간 속에는 최선의 것과 최악의 것, 즉 미덕과 악덕, 학문과 오
류, 정복자와 철학자가 동시에 있다는 것을, 다시 말해 소수
의 선한 것과 더불어 다수의 악한 것이 있다는 것을 밝히고
싶다. 끝으로 나는, 대다수의 사람들이 암담함과 비참함 속
에서 헤매고 있을 때 몇몇 세력가와 부자가 권세와 부의 절
정을 누린다는 것은, 여타의 사람들이 없어서 고통을 받고
있는 것만큼 후자가 이것을 향유하고 있기 때문이며, 민중이
비참하지 않게 되면 부자와 세력가들은 상황을 바꾸지 않고
서는 행복하지 못하리라는 사실을 증명하고자 한다.

그러나 이러한 세부적인 목록들은 그것만으로도 상당히
방대한 저술[162]의 소재가 될 수 있을 것이다. 그 저술 속에서
는 자연 상태의 여러 권리와 비교하여 모든 정부의 장점과
단점이 평가될 것이다. 그런 정부의 본질과, 시간이 지나면
서 필연적으로 일어나게 되는 여러 가지 변혁을 추적하면서,
오늘날까지 밝혀졌고 앞으로 여러 세기에 걸쳐서 밝혀질지
모를 불평등의 모든 상이한 양상들이 다 그 저술 안에서 드

러날 것이다. 그리고 많은 사람들이 외부의 위협에 대비하여 애쓴 결과 오히려 내부에서 억압을 당하고 있음을 깨닫게 될 것이다. 또한 우리는 억압이 끊임없이 증대되는 가운데, 억압을 당하고 있는 사람들이 이 억압이 과연 어디까지 미칠 것이며 또 그것을 저지하기 위한 어떤 합법적인 수단이 남아 있는가를 결코 알 수 없음을 알게 될 것이다. 또한 시민의 권리나 인민의 자유가 조금씩 사라져가고, 약자들의 요구가 반란의 불평으로 취급되는 것을 볼 수 있을 것이다. 정치적 수완으로, 공동의 이익을 수호하는 명예가 인민들 가운데 돈 때문에 일하는 자들[163]에게만 부여되고 있음을 목격할 수 있을 것이다. 거기서 세금의 필요성이 생기며, 실망한 농민이 평화로울 때에도 밭을 떠나 쟁기 대신 칼을 차는 모습을 볼 수 있을 것이다. 명예에 대해서도 불길하고 기묘한 규칙[164]이 생길 것이며, 조국의 수호자가 조만간 조국의 적이 되어 동포 시민들에게 칼을 휘두르는 광경을 볼 수 있을 것이다. 그리하여 마침내 그들이 자기 나라의 억압자에게 다음과 같이 말하는 시대가 도래할 것이다.

만일 자네가 나에게 내 형제의 가슴에, 내 아버지의 목에, 또는 임신한 내 아내의 배에 단검을 꽂으라고 명한다면, 비록 마음이 내키지 않더라도 나는 모든 것을 수행하리라.[165]

신분과 재산의 극심한 불평등, 정념과 재능의 차이, 무익한 기술과 해로운 기술, 하찮은 학문에서, 이성과 행복과 미덕에 위배되는 무수한 편견이 생겨날 것이다. 함께 모인 사람들을 갈라놓아 약하게 만들 수 있다면, 겉으로는 조화를 이루는 듯 보이지만 사실은 분열의 씨가 뿌려질 수 있다면, 또한 권리나 이해의 대립을 통해 상호간에 불신과 증오를 불어넣어 여러 계급을 억압하는 권력을 강화시킬 수 있다면, 수단과 방법을 가리지 않고 이를 조장하는 통치자들을 볼 수 있을 것이다.

바로 이 무질서와 변혁 속에서 전제군주제는 그 추악한 머리를 서서히 쳐들어, 국가의 어느 부문에서건 선량하고 건전한 것이 눈에 띄면 닥치는 대로 삼켜버려 마침내는 법률과 국민까지 짓밟고 국가République의 폐허 위에 우뚝 서게 될 것이다. 이 최후의 변화가 일어나기 전의 시대는 혼란과 재난의 시대라고 할 수 있다. 그러나 마침내 전제군주제라는 괴물이 모든 것을 삼켜버려 인민은 이미 통치자도 법률도 갖지 못하게 되고 오직 폭군만을 갖게 된다. 이 순간부터는 풍습이나 미덕이 문제되지 않는다. "정직한 것에 대하여 아무런 믿음도 가지고 있지 않은cui ex honesto nulla est spes"166 전제군주제가 지배하는 곳에서는 전제군주 외의 다른 어떤 지배자도 허용되지 않기 때문이다. 전제군주제가 입을 열자마자 고려해야 할 올바름이나 의무는 이미 사라지고 극도로 맹복적인 복종만이 노예들에게 남겨진 유일한 미덕이 된다.

이것이 바로 불평등의 마지막 도달점이며, 우리가 순환을 마감하면서 이르게 되는 출발점이자 종점이다.[167] 여기서는 모든 개인이 다시 평등해진다. 그들은 아무것도 아니고 신민은 이미 주인의 의지 외에는 아무런 법률도 갖지 않으며 주인은 자기의 정념 외에는 아무런 규범도 갖지 않으므로 선의 관념이나 정의의 원리가 다시 사라져버리기 때문이다. 여기서는 모든 일이 다만 최강자의 법률로, 즉 하나의 새로운 자연 상태로 귀결되어 있다. 이 자연 상태와 우리가 출발점으로 삼은 자연 상태의 차이는 후자가 순수한 자연 상태인 반면 전자는 지나친 부패의 결과라는 데 있다. 그러나 이 두 상태 사이에는 거의 차이가 없으며 정부의 계약은 전제군주제에 의해 너무 많이 파기되어 있으므로, 전제군주는 자기가 최강자로 있는 동안만 지배자이다. 따라서 사람들이 전제군주를 몰아내려 한다면 그는 이러한 폭력에 전혀 항의할 수 없게 된다. 술탄[168]을 죽이거나 왕위를 박탈하는 폭동도, 그가 전에 신민들의 생명과 재산을 마음대로 처리했던 행위와 마찬가지로 법적 행위다. 오직 힘만이 지탱하고 있었던 그를 타도하는 것도 힘뿐이다. 모든 일은 이와 같이 자연의 질서에 따라 이루어진다. 그리고 이런 짧고 빈번한 변혁의 결과가 어떠하든 아무도 타인의 부당한 행위를 한탄할 수 없으며 다만 자신의 경솔함과 불행을 한탄할 뿐이다.

이렇게 해서 인간을 자연 상태에서 사회 상태로 이끌었음에 틀림없는, 잊혀지고 잃어버린 행로를 발견하고 추적한다면, 그리고 내가 조금 전에 보여준 중간 단계의 상태들과 내가 시간에 쫓겨 생략했거나 미처 상상하지 못한 상태들을 복원한다면, 세심한 독자는 누구나 이 자연과 사회의 두 상태를 가르는 광대한 공간에 놀라지 않을 수 없을 것이다. 독자들은 바로 사물의 이런 완만한 연속 속에서 철학자들이 해결할 수 없는 무수한 도덕적·정치적 문제의 해답을 찾을 수 있을 것이다. 그리고 시대에 따라 인간들도 서로 다르므로, 독자들은 디오게네스Diogenes[169]가 인간을 한 사람도 찾아내지 못했다고 말한 이유가 그가 더 이상 존재하지 않는 시대의 인간을 동시대인들에게서 찾았던 데 있음을 느낄 것이다. 아울러 독자들은 카토Marcus Porcius Cato[170]가 자기 시대에 적합한 인물이 아니었기 때문에 로마와 로마의 자유와 함께 멸망했다고 말할 것이다. 그리고 누구보다 위대했던 이 인물이 오백 년 전에 태어났더라면 세계를 지배할 수도 있었으련만 시대를 잘못 타고나서 그저 세계를 놀라게 했을 뿐이라고 말할 것이다. 요컨대 인간의 영혼과 정념이 조금씩 변질되어 이를테면 자신들의 본성을 어떻게 바꾸는지, 왜 우리의 욕망과 쾌락은 시간이 지남에 따라 새로운 대상을 원하는지, 어찌하여 본원적 인간이 점차 사라져가고, 사회가 현자의 눈에는 이들 모든 새로운 관계의 산물이자 자연 속에 아무런 참된 토대도 갖지 않은 인위적인 인간과 부자연스러운 정념의 결합체로밖에 보이지 않는지를 모두 설명할 수 있을 것이다. 이 점에 대한 관찰은 우리가 반성을 통해 배운 것을 확증해 준다. 미개인과 문명인은 마음과 성향이 근본적으로 매우 달라서, 한쪽이 최고의 행복으로 여기는 것이 다른 쪽을 절망에 빠뜨릴 수도 있다. 미개인은 안식과 자유만을 추구하고 한가로이 지내기를 바랄 뿐이다. 스토아 학파의 아타락시아 ataraxia[171]도 미개인의 다른 모든 것에 대한 깊은 무관심에는 미치지 못한다. 이와 반대로 문명인은 항상 활동하면서 땀을 흘리고 불안해하며 더욱더 힘든 일을 찾아 끊임없이 번민한다. 그는 죽을 때까지 일을 하고, 때때로 살아 있는 상태에 놓여 있기 위해 죽음으로 내달리며, 불멸을 찾아 생을 포기하기도 한다. 그는 자신이 증오하는 세력가와 자신이 경멸하는 부자들에게 아부하며, 그들에게 봉사하는 영예를 얻기 위해서라면 아무것도 아끼지 않는다. 그는 자신의 비굴과 그들의 보호를 거만하게 자랑한다. 자신의 노예 상태에 자부심을 느끼는 그는 그 노예 상태를 공유하지 않는 사람들에 대해 경멸감을 가지고 얘기한다. 힘은 들어도 선망의 대상이 되는 유럽의 대신大臣들의 일이 카리브인에게 어떻게 비칠 것인가! 이 게으른 미개인은 좋은 일을 하고 있다는 기쁨을 가지고도 위안받을 수 없는 그런 끔찍한 생활보다는 차라리 잔혹하게 죽는 쪽을 선호할 것이다. 그러나 카리브인들이, 왜 사람들이 그토록 애를 쓰고 있는지 이해하려면 그들의 정신 속에서 '권력'과 '명성'이라는 단어가 일정한 의미를 가져야 할 것이다. 또 자기에 대한 세상의 평판을 매우 중시하여 자기보다 타인이 판단해주는 것에 오히려 행복을 느끼고 만족할 수 있는 부류의 사람들이 있다는 사실을 배워야 할 것이다. 사실상 이 모든 차이들의 직접적인 원인은 바로 이런 데 있다. 즉 미개인은 자기 자신 속에서 살고 있는데, 사회인은 언제나 자기 밖에 존재하며 타인의 의견 속에서만 살아간다. 말하자면 자기가 존재하고 있다는 느낌을 타인의 판단에 의거하고 있는 것이다.[172] 그토록 훌륭한 도덕론이 있음에도 불구하고 어떻게 이와 같은 경향에서 선과 악에 대한 무관심이 생겨나는가를 증명하는 것이 나의 주제는 아니다. 또한 모든 것이 겉모습으로 귀착되어 명예나 우정이나 미덕, 때로는 악덕마저 자랑거리가 될 수 있는 비결을 찾으니 이 모든 것들이 얼마나 부자연스럽고 가식적이 되어버렸는가도 내가 논할 바는 아니다. 요컨대 그처럼 많은 철학이나 인간애나 예절이나 고상한 격언에 둘러싸여 있으면서도 언제나 '우리가 무엇인가'라는 질문을 타인에게는 던지되 스스로에게는 묻지 않음으로써 우리가 어떻게 기만적이고 경박한 외관, 즉 미덕 없는 명예, 지혜 없는 이성, 행복 없는 쾌락만을 가지게 되었는가를 따지는 것은 나의 주제가 아니라는 것이다. 나는 다만 그것은 결코 인간의 본원적인 상태가 아니며, 이와 같이 우리의 자연적인 성향을 모두 변화시키고 변질시키는 것은 오로지 사회의 정신과 사회가 낳은 불평등이라는 것을 입증하기만 하면 된다.

지금까지 나는 불평등의 기원과 발전, 정치적인 사회의 성립과 폐해를, 인간의 본성에서 연역할 수 있는 범위에서 오로지 이성의 빛에 따라, 그리고 최고 권한을 가진 권력에 대해 신의 권리를 결재하여 허가하는 신성한 교의와는 무관하게 설명하고자 했다. 그리고 이러한 설명을 통해, 불평등은 자연 상태에서는 거의 찾아볼 수 없으므로 인간 능력의 발달과 정신의 진보에 따라 성장하고 강화되며 소유권과 법률의 제정에 따라 안정되고 합법화된다고 결론 내릴 수 있다. 뿐만 아니라 실정법에 따라서만 인정되는 도덕적 불평등173은 그것이 신체적 불평등과 균형을 이루지 못할 경우에는 언제나 자연법에 위배된다는 결론도 나오게 된다. 이러한 구별은 모든 문명인들에게 널리 유포되어 있는 불평등의 형태를 이 점과 관련하여 어떻게 생각해야 하는가에 대해 충분한 답을 준다. 자연법을 어떻게 규정하든, 어린애가 노인에게 명령하고 바보가 현명한 사람을 이끌며 대다수의 사람들이 굶주리고 살아가는 데 꼭 필요한 최소한의 것마저 갖추지 못하는 판국인데 한줌의 사람들에게서는 사치품이 넘쳐난다는 것은 명백히 자연의 법칙에 위배되기 때문이다.174

인간은 평등하게 태어났으나
도처에서
불평등에 시달리고 있다

1. 루소의 삶

장자크 루소는 오늘날의 스위스 제네바에서 1712년에 태어났다. 그의 아버지는 시계 수리공이었고 어머니는 목사의 딸이었다. 어머니가 루소를 출산한 후 9일 만에 숨겼기 때문에 그는 아버지 손에서 양육되었다. 루소는 정식 교육을 거의 받지 못했으나 1750년《학문예술론 *Discours sur les sciences et les arts*》을 써서 최초의 명성을 얻었다. 그는 이 글 속에서 학문과 예술의 발달과 더불어 도덕이 타락하게 되었다고 주장했다. 이 같은 주장은 당시의 주류 사상이었던 계몽주의적 관점과 분명히 대비되는 것이었다. 이 주제는 이후의 그의 많은 저작들에서 일관되게 나타나는 입장이 된다. 두 번째 작품《인간 불평등 기원론》을 통해 루소는 인간이 도덕적으로 타락한 궁극적인 원인을 캐내는 데 더욱더 몰두한다. 1762년의《사회계약론 *Du Contrat social ou principes du droit politique*》은 그의 종래의 비판에 대한 하나의 대안적·교정적 입장을 제시한 글로서 인간의 정치적 구원의 모델을 담고 있다. 같은 해에 루소는 그의 가장 중요한 작품인《에밀 *Émile ou de l'éducation*》을 발표한다. 그는 이 작품을 통해 인간의 자유를 구속하고 인간의 본성을 타락시키는 문명 사회를 비판하고 이상적인 인간 교육을 제창했다. 이 책은 당시의 전통과 기득권을 전면적으로 부정하고 상식화된 기존의 제도와 질서를 '악'으로 규정하여 그것을 타파하는 데 의미를 두는 사상을 담고 있었다. 결국《에밀》은 프랑스와 스위스 당국의 박해를 초래했고, 루소는 말년을 자신에 대한 "비밀스러운 어떤 힘들의 모반"과 음모에 대한 불안감으로 보내게 된다. 루소는 1778년 파리 근교의 에름농빌에서 사망한다. 생전에 동시대인들로부터 백안시되었던 그의 정치 사상은 18세기 말엽에 이르러 프랑스 대혁명에 철학적 영감을 제공하게 된다.

2. 통념에 대한 도전,《학문예술론》과《인간 불평등 기원론》

루소는 정치를 인간의 사회적 삶의 핵심적인 결정 요인이라고 파악한 최초의 주요 사상가라고 할 수 있다. 19세기의 사상가들이 정치보다는 경제적 요소나 사회적 계급 또는 여론의 역할을 더 중요한 결정 요인으로 보았던 것을 상기한다면 루소는 최초라기보다는 오히려 최후의 주요 사상가들 중 한 사람이었다고 해야 할지도 모른다. 어떤 이들은 정치 사상이 몰락한 계기가 18세기 말엽부터 경제와 사회가 정치보다 더 중시되는 방향으로 선회한 데 있다고 말하기도 한다. 인간이 본질적으로 정치적인 동물이라는 인식은 적어도 고대 그리스 시대로까지 소급될 수 있다. 루소 자신이 독자들에게 곧잘 상기시켜주듯이, 그는 자신의 영감의 많은 부분을 고대 그리스 사상, 특히 플라톤에게서 얻어냈다.

그렇지만 정치의 도덕적 영향에 대한 루소의 관심과 고대 사상가들의 관심 사이에는 다음과 같은 두 가지 중요한 차이점이 있다. 첫째, 루소는 정치 체제를 인공적인 것으로 보았고 그 정치 체제 내에서의 인간의 생활을 인간 본성의 변형으로 보았다. 둘째, 그는 덕성의 기원에 대한 관심을 적극 표명하지만 이와 동시에 악덕의 정치적 뿌리에 대해서도 많은 관심을 보였다. 여기서 전자는 특히 그의 사회 계약 사상의 특징이며, 후자는 그의 역사 일반에 대한 역사철학이다.

루소는 1749년 12월, 《메르퀴르 드 프랑스*Mercure de France*》에서 디종 아카데미가 모집한 "학문과 예술의 부흥은 풍속의 순화에 기여했는가?"라는 현상 논문의 제목을 읽는 순간 벼락을 맞은 느낌이었다고 한다. "나는 그 공고문을 읽는 순간 또 다른 우주를 보았고 그리하여 다른 사람이 되었다."[175] 그는 호흡을 고르기 위해 걸음을 멈추고 길가의 나무를 부여잡아야 할 지경이었다. "그렇지 않다, 기여하지 않았다"라고 루소는 생각했다. 영감이 섬광처럼 스쳐 지나갔고, 그는 자신의 역사철학을 꿈꾸게 되었다. 그는 '인간의 역사야말로 문명의 진보에 따른 도덕의 퇴화로 얼룩진 불행과 악덕의 창궐의 대서사시'라는 방향으로 전체 구도를 잡았다.

루소는 학문과 예술의 성격 자체를 다음과 같이 부정적으로 규정하는 것으로부터 논의를 시작한다.

통치 기구와 법률은 인간 집단에게 안전과 안녕을 마련해준다. 학문과 문학과 예술은 이것들보다 덜 압제적이지만 더 강력한 것일지도 모른다. 학문과 문학과 예술은 인간이 짊어지고 있는 쇠사슬 위에 화환을 펼치고, 인간이 태어난 목적으로 여겨지는 본원적 자유의 감정을 억누른다. 인간으로 하여금 노예 상태를 좋아하게 하며, 그들을 이른바 문명인들로 만든다. 필요가 왕좌를 일으켜 세웠다면, 학문과 예술은 왕좌를 공고하게 만들었다.[176]

총 2부로 구성되어 있는《학문예술론》은 제1부를 주로 역사적 고찰에 할애한다. 반면 제2부에서는 학문과 예술의 본성에 대해 고찰한다. 학문과 예술의 여러 분야들은 미신, 야망, 탐욕, 헛된 호기심, 오만 등 인간의 제반 악덕에 기원을 두고 있다. 학문과 예술은 판도라의 상자와 같은 것으로 미풍양속의 적인 사치를 낳고, 그 사치가 취미의 타락을 낳아 학문과 예술을 부패시키는 악순환을 가져온다. 결과적으로 학문과 예술의 연마는 진정한 용기와 군사적 덕성을 파괴하며 도덕적 자질을 약화시킨다. 그리하여 더 이상 건전한 시민은 존재하지 않고 궤변을 논하는 철학자들만이 횡행하는 상황에 이르게 되는 것이다. 루소는 문명의 피해가 극에 달한 당시의 현실을 통렬하게 비판하고 있다.

디종 아카데미의 현상 논문에 응모한 루소의 글은 상을 받았다. 이리하여 그는 하룻밤 사이에 보잘것없는 무명 지식인에서 일약 계몽주의 시대의 가장 저명한 비판자가 되었다. 그 논문이 그처럼 높은 악명을 얻게 된 것은 선과 악에 대한 18세기의 통설을 과감히 전복했기 때문이었다.

볼테르는 당대의 지식인들을 대표하여《철학 서한*Lettres philosophiques*》과 기타 저서를 통해 학문과 과학의 진전이 미덕을 가져온다고 주장했다. 또한 근대 유럽이 중세 암흑기의 미신과 무지에서 서서히 깨어나면서 인간 행동이 점진적으로 개선되어간다고 말했다. 디드로와 달랑베르도 이런 볼테르의 노선을 따라《백과전서*L'Encyclopédie*》를 편집했다.

그런데 루소는 이와는 대조적으로 고대의 시인들이 노래한 원시의 황금 시대를 칭송하고 나섰다. 황금 시대는 "사투르누스가 다스리던 순수와 행복의 시대였고, 노동하지 않고도 얻어지는 풍요, 이상적 정의, 평화와 평등의 시대"였다. 루소는, 인간은 학문에 대한 과도한 욕심 때문에 그 황금 시대에서 타락하여 은총을 잃게 되었다고 주장했다. 이리하여 루소는 문명보다는 원시를 더 높이 평가하는 듯한 인상을 풍겼다. 계몽 사상을 신봉하는 당시 동료들이 볼 때 루소의 주장은 헛소리에 지나지 않았다. 그들이 볼 때 루소는 한 가지 사실을 망각하고 있었다. 그것은 당대의 비참함과 절망의 주된 원인인 기독교가 무지를 강조하는 신비주의에서 힘을 얻었다는 사실이다. 그런데 이러한 고대의 무지를 루소는 오히려 찬양하고 있었던 것이다. 볼테르와 그의 추종자들은, 원시적인 순수와 무구를 그런 식으로 파악하는 루소의 입장을 저주했다. 그들은 루소가 정치·종교 개혁의 대의를 저버리고 황량한 원시 상태로 되돌아가려 한다고 비난했다.

1753년 가을, 자신의 첫 번째 논문에 대한 비판에 자극을 받은 루소는 좀더 심오하면서도 새로운 역사철학서인 《인간 불평등 기원론》을 쓰기 시작한다. 이 저서는 여러 면에서 《학문예술론》을 연장하고 보완하는 책으로 볼 수 있다. 루소의 이 두 번째 논문 역시 "인간 사이의 불평등의 기원은 무엇이며, 불평등은 자연법에 의해 허용되는가?"라는 문제로 디종 아카데미가 기획한 현상 논문에 응모하는 형식으로 씌어졌다.

루소는 디종 아카데미가 제시한 새로운 질문이 자신의 관

심과 일치하며, 자신의 형편과 필요성에도 부응하는 것이라
고 판단했다. 그는 이 기회를 자신의 생각을 가다듬고 정리
하여 적대자들의 비판에 간접적으로 답하는 계기로 삼았다.
루소는 후에 《고백Confessions》에서 《인간 불평등 기원론》 집
필의 전후 사정을 다음과 같이 진술한다.

그 거대한 주제를 내 마음대로 생각해보기 위하여 나는 칠팔
일간 생제르맹으로 여행을 떠났다……나는 숲속에 들어박혀
내가 긍지를 가지고 그 역사를 그려낸 최초의 시기의 영상을
찾아보았고 또 발견했다. 나는 인간들의 왜소한 거짓들을 분
쇄하고 감히 그들의 본성을 적나라하게 드러냈으며 그 본성
을 변질시킨 시간과 사물의 진전을 따라가보았다. 인간의 인
간을 자연의 인간과 비교하면서, 나는 이른바 인간의 진보 속
에 인간 비참의 진정한 원천이 있음을 증명해 보였다. 이런
숭고한 명상으로 고양된 나의 영혼은 신의 곁으로 날아올랐
으며, 거기서 나의 동류의 인간들이 그들의 편견, 오류, 불행,
죄악의 맹목적인 길을 따라가는 것을 보았다. 나는 그들이 들
을 수 없는 약한 목소리로 이렇게 외쳤다. "끊임없이 자연을
불평하는 무분별한 자들이여, 너희의 모든 불행은 너희 자신
에게서 온다는 것을 알아라."
《인간 불평등 기원론》은 이러한 명상에서 나왔다. 이 저작은
나의 다른 어떤 글보다 디드로의 취향에 더 부합되는 것이므

로, 이것을 쓰는 데는 디드로의 충고가 가장 유용했다. 그러나 전 유럽을 통틀어 이 작품에 귀 기울인 독자는 매우 적었다. 이 저작에 대해 얘기하고자 한 독자는 아무도 없었다. 이 저작은 현상에 응모하기 위해 씌어진 것이었으므로 나는 그것을 발송했다. 그러나 나는 이 작품이 수상하지 못하리라는 것을 미리 확신했고, 아카데미의 상은 이런 종류의 글을 위해 마련된 것이 아니라는 것도 잘 알고 있었다.177

예상대로 루소의 답변에는 상이 주어지지 않았다. 우선 심사 위원들은 이백 쪽에 달하는 논문의 방대한 양 때문에 당혹해했다. 작가가 내세운 대담한 주장은 심사 위원들의 마음에 더욱더 들지 않았다. 애초에 수상을 목표로 했던《학문 예술론》과는 달리 이때 루소는 심사 위원들을 염두에 둔 일체의 고려나 타협을 배제했다. 모든 관례를 무시하고 기존의 편견에 정면으로 도전한《인간 불평등 기원론》은 인간의 문제를 시초에서부터 재검토하고자 하는 루소의 야망과 열정이 대담하고 순수하게 표현된 저술이라고 할 수 있다. 루소는 디종 아카데미에서 수상작으로 채택되지 않은 이 저술을 자신의 조국 제네바 공화국에 바치는 길고 장중한 헌사를 붙여 1755년에 암스테르담에서 출판했다.

3. 인류의 역사에 대한 가설적 추론

《학문예술론》에서 루소는 학문과 예술의 발달이 도덕의 타락을 가져온다고 말한다. 또 학문과 예술은 인간이 바라고 즐기는 나태, 허영, 사치 등에 의해 촉진된다고 말한다. 루소는 특히 사치의 문제점을 강조한다. 학문과 예술이 없는 곳에서는 사치가 번성할 수 없다. 또한 학문과 예술도 사치 없이는 발진할 수 없다. 도덕의 붕괴는 사치의 당연한 결과다. 세 으름에서 사치가 생기고 그리하여 인간은 타락하고 노예가 되었다. 바로 이것이 모든 문명이 발달해온 역사다. 그러므로 자연 그대로 머무르는 것이 인간에게는 커다란 축복이다.

《인간 불평등 기원론》에서 루소는 인간이 타락하는 상황과 과정을 좀더 자세히 다룬다. 그는 고대 세계의 때묻지 않은 문명에 눈을 돌려, 아무도 그 진정한 특질을 발굴해내지 못한 원시 사회의 조건과 원시인의 본성 쪽으로 시선을 고정한다. 이 책에서 루소는 인간이 도덕적으로 타락한 것은 사치 때문이 아니라 불평등을 추구하기 때문이라고 주장하면서, 본래 평등했던 인간이 어떻게 불평등의 길로 들어섰는가를 조직적으로 탐구하고 있다.

루소는 불평등의 기원을 알기 위해서는 우선 문명 이전에 인간 자체가 지녔던 근원적인 모습을 알아야 한다고 생각했다. 그러나 인간은 오랜 문명과 사회 생활의 역사를 통하여

"끊임없이 되풀이되는 수많은 원인에 의해, 숱한 지식과 오류의 획득에 의해, 그리고 신체의 조직에 생긴 여러 가지 변화와 정념에 가해진 계속적인 충격으로 인해"[178] 애초의 모습을 찾아보기 힘들 만큼 현저한 변모를 겪어왔다. 따라서 현존하는 인간에게서 자연 상태의 근원적인 면모와 문명에 의해 형성된 인위적인 면모를 구분해낸다는 것은 힘든 일이 아닐 수 없다.

인간의 원초적 자연 상태는 실증적으로 검증할 수 없다. 루소는 그것이 "더 이상 존재하지 않으며 어쩌면 결코 존재한 적도 없고, 아마 앞으로도 결코 존재하지 않을 듯한 어떤 상태"[179]로 규정될 수 있다고 말한다. 그렇다면 어떻게 이런 상태의 인식에 도달할 것인가? 우리가 가지고 있는 자료, 우리가 알고 있는 사실은 이미 인간의 역사적 흔적을 나타내는 것이기 때문에 우리를 역사 속에 붙들어 맨다. 그것은 인간의 기원과는 이미 떨어져 있는 영역으로 우리를 이끌어가는 것이다. 인간의 역사가 태어나는 것을 보기 위해서는 역사에서 벗어나 더 멀리 거슬러 올라가야만 한다. 일체의 실증적 사실의 뒷받침이 배제된 상태의 기술, 그것은 추론이라는 방법에 의한 기술이 될 수밖에 없다. 루소는 "(실제 사실은) 우리가 다루고자 하는 문제와 조금도 관계가 없기 때문"[180]에 논의에서 제쳐두고 가정에 근거하여 원초적 자연 상태를 재구성해야 한다고 말한다.

우리가 이 문제에 대해 추구할 수 있는 연구는 역사적인 진실이 아니라 다만 가설적이고 조건적인 추론이라고 보아야 한다. 그러한 추론은 사물의 진정한 기원을 증명하기보다 사물의 본성을 해명하는 데 적합하며, 우리의 자연과학자들이 세계의 생성에 대해 날마다 행하고 있는 추론과 유사하다.[181]

인간의 현재 상태라는 관점에서 탐구를 시작했기 때문에, 루소가 가설적으로 만들어낸 과거의 재구성은 실제적 사건들의 연대기와는 아무 상관이 없다. 루소의 탐구는 역사적이라기보다 가설적인 것으로서, 사물의 본질을 설명하기 위한 것이지 그 실제 기원을 탐구하려는 것은 아니었다. 따라서 그가 말하는 자연 상태는 사회의 타락한 특징들이 제거된 가상의 세계이며, 그의 출발점은 알려진 정보가 별로 없는 머나먼 과거가 아니라 우리 모두가 잘 알고 있는 현재 세계다. 《인간 불평등 기원론》의 목적은 인류의 보편사를 더듬는 데 있는 것이 아니라 역사의 형태 속에 투영된 인간 본성 이론을 탐구하는 데 있다.

4. 원초적 자연 상태의 인간

인류 역사에 대한 가상적 추론을 통하여 루소가 상상한 원초적 자연 상태의 인간은 '고독하고 무사태평하고 평화로우며, 건강하고 튼튼하며, 자연의 환경에 잘 적응하고, 생각도 정열도 없고, 예측도 기억도 없는 동물'이었다.

원시의 인간은 일도 언어도 거처도 없고, 싸움도 교제도 없으며, 타인을 해칠 욕구가 없듯이 타인을 필요로 하지도 않고, 어쩌면 동류의 인간을 개인적으로 단 한 번도 만난 적 없이 그저 숲속을 떠돌아다녔을 것이다. 그는 얼마 안 되는 정념의 지배를 받을 뿐 스스로 자족하면서 자신의 상태에 맞는 감정과 지적 능력만을 갖고 있었다. 원시의 인간은 자신의 진정한 필요만을 느꼈고 눈으로 보아 흥미롭다고 여겨지는 것만 쳐다보았다. 그의 지능은 허영심과 마찬가지로 발달하지 못했다. 우연히 그가 어떤 발견을 한다 해도, 그는 자신의 자식조차 기억하지 못하기 때문에 그것을 전수할 수 없었다. 기술은 발명자와 더불어 소멸했다. 교육이란 것은 존재하지 않았으며 아무런 진보도 없이 세월이 흐름에 따라 세대가 이어질 뿐이었다. 그리고 각각의 세대는 언제나 똑같은 지점에서 출발했으므로, 최초 시대의 모든 조야함 속에서 수백 년이 되풀이되며 흘러갔다. 종은 이미 늙었으나 인간 개체는 항상 어린애로 머물러 있었다.[182]

자연 상태의 인간은 깊이 생각하지 않는 존재이기 때문에 선악 개념에서 벗어나 있는 존재다. 인간은 천성적으로 악해서 사회적 질서가 확립되기 전까지는 상호간에 항구적인 전쟁 상태에 놓여 있었다는 홉스의 성악설에 루소는 정면으로 반대한다. 루소가 생각하는 자연 상태의 인간은 선악 개념, 미덕과 악덕의 개념 이전에 있기 때문에 악하지 않으며, 악해야 할 이유도 없다.

미개인은 선하다는 것이 무엇인지 모른다는 바로 그 이유 때문에 악하지 않다고 말해도 무방할 것이다. 그들이 나쁜 일을 하지 못하는 것은 지식의 발달이나 법의 구속 때문이 아니라, 정념이 평정을 유지하고 악덕을 모르기 때문이다.[183]

자연 상태의 인간은 쉽사리 양식을 찾고, 무한히 넓은 공간에서 홀로 떨어져 살기 때문에 공격적이 되거나 적과 다툴 이유가 없다. 또한 규칙도 구속도 없이 살기 때문에 자유로운 존재이고, 자족적인 삶을 누리기 때문에 누구에게도 예속되지 않는다.

굴종의 끈은 인간 상호간의 의존과 인간들을 결합시키는 상호적 필요성이 없으면 형성되지 않는다는 점을 알 것이다. 그러므로 누구나 어떤 사람을 복종시킨다는 것이 그를 다른 사람 없이는 살아가지 못하는 처지에 두지 않는 한 불가능하나는 것을 알 수 있다. 그런데 자연 상태에서는 이와 같은 처지가 존재하지 않는다. 따라서 자연 상태에서는 누구나 속박에서 전적으로 자유로우며 강자의 법칙은 무용지물이 되고 만다.[184]

강자의 법칙이 적용될 수 없는 자연 상태의 인간은 속박에서 전적으로 자유로운 존재이며, 불평등의 악에서 완전히 해방되어 있었다. 이 같은 인간이 어떻게 해서 그 행복했던 상태를 상실하게 되었는가?《인간 불평등 기원론》제2부는 인간의 행복의 상실을 기술하고 있으며, 인간 사이의 불평등의 양상이 어떻게 전개되어왔는지를 다룬다.

5. 인간 불평등의 원시적 기원들

만인이 평등을 향유할 수 있었던 원초적 자연 상태는 행복한 상태였다. 그러나 자연적 장애, 다른 동물들과의 다툼, 인간의 점차적인 수적 증가에 따른 먹이의 상대적 결핍 등으로 인해 오랫동안 지속되었던 인간과 자연 사이의 균형, 인간과 세계의 관계에 균열이 생기기 시작했다. 이리하여 숲 속을 홀로 떠돌며 지내던 인간은 점차 한데 모여 함께 살아가게 된다.

사람들은 오두막 앞이나 큰 나무 주위에 자주 모이게 되었다. 연애와 여가의 진정한 소산이라 할 수 있는 노래와 춤이 모여든 한가한 남녀들의 심심풀이라기보다는 매일매일의 일과가 되었다. 그리하여 저마다 남을 주목하고 자신도 남에게 주목받고 싶다는 생각을 하게 되면서 남들에게 인정받는 것이 하나의 가치를 지니게 되었다. 노래를 가장 잘 부르고 춤을 가장 잘 추는 사람, 얼굴이 잘생기거나 힘이 센 사람, 재주가 가장 뛰어나거나 언변이 가장 좋은 사람은 존경을 받았다.[185]

공동 생활의 경험은 자연 상태의 인간이 알지 못했던 새로운 개념과 감정을 낳았다. 인간은 이제 타인들에게 인식되고 가장 강한 사람이나 가장 아름다운 사람으로 비치기를 바라게 되었다. 그의 존재가 상대화되고 타인들의 시선에 의해 정의되기에 이른 것이다. 그리고 이것은 인간들 사이의 '불평등을 향한, 그리고 동시에 악덕을 향한 첫걸음'이 된다.

이러한 최초의 선호에서 한편으로는 허영심과 경멸이 태어났고, 다른 한편으로는 수치심과 부러움이 생겨났다. 그리고 이러한 새로운 효모에서 생긴 효소가 마침내 행복과 무구에 치명적인 화합물을 생성시켰다.[186]

서로의 차이에 대한 비교 의식과 자신의 우월성을 대중적으로 확인받고 싶어 하는 욕구들이 소유욕과 결합하면서 상황은 더욱 악화된다. 요컨대 혼자서 두 사람 몫의 양식을 차지하는 것이 유리함을 알아차리게 되자마자 평등이 사라지고 소유가 도입되고 노동이 필요하게 되었으며, 광대한 숲은 인간이 땀으로 적셔야 할 들판으로 변했고 머지않아 그 들판에서 수확과 더불어 예속과 비참이 싹터 증가하게 되었다는 것이다.

사적 소유가 정립된 다음에 야금술과 농업 기술이 발달했을 것이다. 이것은 땅의 생산성을 높이고 동시에 땅 소유자와 비소유자 사이의 차이를 두드러지게 했을 것이다. 생산수단의 사유화는 인간을 소외시키고 인간을 종속적으로 만든다. 개인의 가치는 존재에서 소유로 바뀌게 된다. 마침내상속의 작용에 의하여 토지 전체가 특정한 인간들의 사유물이 되면 약하고 능란하지 못하고 앞날을 예측하지 못한 사람들은 예전에는 공동의 재산이었던 것을 완전히 박탈당하게 된다.

평등이 깨지고 난 후의 상황은 끔찍스러운 무질서의 세상이다.

부유한 자의 횡령과 가난한 자의 약탈과 모든 이들의 방종한 정념이 자연적인 연민이나 아직은 약한 정의의 목소리를 잠재우면서 인간들을 인색하고 야비하고 악독하게 만들었다.

가장 강한 자의 권리와 최초의 점유자의 권리 사이에는 끊임없이 분쟁이 일어났으며, 그것은 투쟁과 살인에 의해 종식될 수밖에 없었다. 갓 태어난 사회는 더없이 끔찍한 전쟁 상태로 변해버렸다.[187]

모든 사람들이 목숨을 걸고 싸움을 벌이는 이런 무정부 상태에서 부자들은 빈자보다 더 큰 위험에 처한다. 그들의 목숨뿐만 아니라 재산도 위태로워졌기 때문이다. 마침내 부자들은 "인간의 정신 속에 일찍이 스며든 적이 없는 가장 교묘한 계획을 생각해냈다. 그것은 바로 자신을 공격하는 자들의 세력 자체를 자신에게 유리하게 사용하고, 자신의 적대자들을 자신의 방어자들로 만들고, 그 적대자들에게 다른 준칙을 불어넣어 자연법이 자신에게 불리했던 것과 마찬가지로 자신에게 유리한 다른 제도들을 그들에게 부여하는 것이었다."[188]

부자들은 법률과 경찰력에 의해 처방되는 치안 질서 유지를 강력하게 희망하게 되었다. 반면 빈자들은 자신의 목숨을 보호하기 위해 부자들의 재산을 공유할 수 있는 권리를 포기했다. 그리하여 재주 많고 웅변 잘하는 자들이 '교묘한 횡령을 당연한 권리'로 바꾸어놓은 기만을 통해 부자의 특권은 확고해지고 불평등은 제도적 가치로 바뀌게 된다. 가난한 자들은 영원한 노동과 비참과 예속으로 몰리게 되었고, 소유와 권력으로부터 추방당했다.

사회적 질서의 확립이라는 이 결정적 단계를 넘어선 후 인간들은 각종 정부 형태―군주제, 귀족제, 민주제―를 채택한다. 그러나 각 정부 형태는 도덕적 구분을 합법화하고 그런 구분에 권위를 부여하기 위한 것이므로, 어떤 것이든 부자의 지배를 강화하고 빈자의 의무를 증강시키는 양상을 밟게 마련이다. 그리하여 사회 내의 인간 관계는 주인과 노예의 관계로 변모되어버린다. 처음에는 합의에 의해 정립된 제도가 자의적인 권력이 되어버리는 것이다.

그리하여 그 정부 형태는 인민들에게 지나치게 부담스러운 존재가 되어 당초 정부가 보장하겠다던 평화를 유지하지 못하게 된다. 문명 사회는 혁명적인 변화를 겪게 되고 사람들은 새로운 주인에게 복종함으로써 정치 발전에 따르는 주기적인 위기를 넘기게 된다. 반면 새 주인은 기괴한 웅변술을 발휘하면서 사람들로 하여금 무질서와 변혁의 와중에서 생겨난 노예 제도와 독재 제도를 받아들이도록 설득한다. 루소는《인간 불평등 기원론》의 마지막 부분에서 이렇게 쓰고 있다.

이것이 바로 불평등의 마지막 도달점이며, 우리가 순환을 마감하면서 이르게 되는 출발점이자 종점이다. 여기서는 모든 개인이 다시 평등해진다. 그들은 아무것도 아니고 신민은 이미 주인의 의지 외에는 아무런 법률도 갖지 않으며 주인은 자기의 정념 외에는 아무런 규범도 갖지 않으므로 선의 관념이나 정의의 원리가 다시 사라져버리기 때문이다.[189]

이렇게 하여 가장 힘센 사람이 지배하는 새로운 자연 상태가 정립된다. 이것은 최초의 순수성을 유지한 자연 상태가 아니라 과도한 타락에 바탕을 둔 자연 상태인 것이다.

6. 불행한 문명을 치유할 방법은?

《인간 불평등 기원론》은 불평등이 극에 달한 근대 문명의 상황, 즉 "어린애가 노인에게 명령하고 바보가 현명한 사람을 이끌며 대다수의 사람들이 굶주리고 살아가는 데 꼭 필요한 최소한의 것마저 갖추지 못하는 판국인데 한줌의 사람들에게서는 사치품이 넘쳐난다"[190]는 상황을 고발하면서 막을 내린다.

이러한 불평등의 고발은 직접적인 문명 비판으로 이어진다. 자유와 한가함을 누리며 행복하게 살았던 자연인과 비교하면서 루소는 문명인의 삶을 가차 없이 불행한 것으로 진단한다.

문명인은 항상 활동하면서 땀을 흘리고 불안해하며 더욱더
힘든 일을 찾아 끊임없이 번민한다. 그는 죽을 때까지 일을
하고, 때때로 살아 있는 상태에 놓여 있기 위해 죽음으로 내
달리며, 불멸을 찾아 생을 포기하기도 한다.[191]

이 불행한 문명을 치유할 방법은 없는 것인가? 루소에 따
르면 인류는 순수하고 행복했던 과거를 가지고 있다. 그 과
거로 되돌아가는 것이 가장 확실한 치유책일 것이다. 그러나
루소는 나중에 자기 자신과의 대화록인《루소, 장자크를 심
판하다*Rousseau juge de Jean-Jacques*》에서 이렇게 말한다. "인간
의 본성은 결코 후퇴하지 않으며"[192] 한번 잃어버린 순수성
은 다시 회복되지 않는다. '가장 행복하고 가장 안정된 시기'
에 발생한 저 원시적인 사회 형태를 문명인은 회복할 수가
없다. 루소는 역사의 움직임을 되돌리려는 노력이 무의미하
다는 것을 알고 있었다.
　그렇다면 많은 사람들이 루소에게서 읽어온 외침으로서
'자연으로 돌아가라'라는 말은 무엇을 뜻하는가? 이 책《인
간 불평등 기원론》에서 루소는 그에 대해 명시적으로 자세
하게 설명하지는 않고 있다. 그러나 이 책과 더불어《에밀》,
《사회계약론》 등에서 루소가 전개하는 글들의 행간을 잘 읽
어보면 어떤 답을 들을 수 있을지도 모른다. 1789년 무렵 프
랑스인들이 루소의 사상에서 혁명의 메시지를 읽었듯이 말

이다. 21세기라는 이 시점에서 루소의 메시지가 무엇인지 읽어내는 것은 독자의 몫이다.

1   (옮긴이주) 당시 제네바의 실질적인 권력은 스물다섯 명으로 구성
된 소평의회Petit Conseil가 장악하고 있었다. 루소는 그들이 아닌 제
네바의 '시민'과 '부르주아' 전체에게 자신의 책을 바치고 있다.

2   (옮긴이주) 루소는 헌사에서 제네바 공화국의 시민으로 구성된 대
평의회Conseil Général의 권력자들을 이렇게 부른다. 루소가 《인간
불평등 기원론 Discours sur l'origine et les fondements de l'inégalité parmi les
hommes》에서 고향의 평의회 의원들의 환심을 사려고 드러내놓고
노력한 데는 특별한 이유가 있다. 루소는 1754년 디종 아카데미의
현상 문제에 대해 도발적인 답변을 했던 그해부터 언젠가는 파리를
떠나 제네바로 돌아가겠다는 생각을 품고 있었다. 그가 자신의 글에
서 인간들이 사회 속에서 조화롭게 어울려 사는 것에 대해 비관적
으로 전망했던 데에는 특히 파리에서의 경험이 원인으로 작용했다.

3   (옮긴이주) 로마 교황을 가리킨다.

4   (옮긴이주) 기원전 6세기경의 로마의 왕가.

5   (옮긴이주) 루소의 아버지 이자크 루소Isaac Rousseau를 가리킨다.

6   (옮긴이주) 고대 로마의 역사가·웅변가·정치가(56?~120?). 뛰어난
변론술로 공화정을 찬미하고 간결한 문체로 로마 제국 초기의 역사
를 서술했다. 저서로 《게르마니아 Germania》, 《역사 Historiae》, 《연대

기*Annals*》등이 있다.

7	(옮긴이주) 그리스의 철학자·전기 작가(46?~120?). 플라톤 학파에 속한다. 저서로 《영웅전*Bioi parallèloi*》, 《에티카*Ethica*》 등이 있다.

8	(옮긴이주) 네덜란드의 법학자(1583~1645). 근대 자연법의 원리에 입각하여 국제법의 기초를 확립했다. 저서에 《전쟁과 평화의 법*De Jure Belli ac Pacis*》이 있다.

9	(옮긴이주) 제네바 공화국을 구성하고 있는 네 계급(시민citoyen, 부르주아bourgeois, 주민habitant, 하층 원주민 혹은 하급 원주민natif) 가운데 하나에 해당된다. 노동의 권리는 갖고 있지만 참정권은 없다. 루소는 시민 가운데서도 하급 시민에 속해 있었다.

10	(옮긴이주) 18세기 초에 제네바에서 민주주의 지지자와 과두 정치 지지자 사이에 벌어졌던 분쟁을 말한다.

11	(옮긴이주) 여기서는 신의 왕국의 행정관, 즉 성직자들을 말한다. 루소는 기독교와 애국심은 양립하기 힘들다는 것을 《사회계약론*Du Contrat social ou principes du droit politique*》, 제4부 제8장 〈시민의 종교에 대하여De la religion civile〉에서 말하고 있다. 제네바의 목자들은 예외로 하고 있다.

12	(옮긴이주) 칼뱅Jean Calvin이 창설한 제네바 교회의 목사들, 즉 프로테스탄트 목사들을 말한다.

13	(옮긴이주) 칼뱅이 1559년에 창설한 아카데미를 암시하고 있다.

14	(옮긴이주) 루소는 볼테르나 백과전서파 사람들과 마찬가지로 종교적 광신자의 범죄에 대해 항의하고 있다. 이는 칼뱅에게도 해당될 것이다. 루소가 칭찬하는 제네바 신학자들의 관용주의의 가장 대표적인 인물은 장 알퐁스 튀레티니Jean-Alphonse Turrettini(1641~1737)였다.

15	(옮긴이주) 당시 제네바에서 여성은 엄격한 의미에서 시민 계급은 아

니었다. 루소가 '여성 시민'이라고 말한 것은 남편의 조언자로서, 미래의 시민들의 교육자로서의 여성들의 역할을 강조하기 위해서다.

16 (옮긴이주) 파르나소스 산 중턱의 고대 도시 델포이의 아폴론 신전 박공에 새겨져 있는 소크라테스의 유명한 격언 "너 자신을 알라"를 말한다. 이것은 《에밀 *Émile ou de l'éducation*》 제1편에 있는 "우리가 정말 연구해야 할 것은 인간과 그 조건에 대한 것이다"와 대응한다.

17 (옮긴이주) 그리스 신화에 나오는 인물. 보이오티아의 어부로 마법의 약초를 먹고 불사하게 되었으며, 바다에 들어가 선원들과 어부들을 보호하는 신이 되었다. 플라톤은 《국가 *Politeia*》 제10권에서 인간의 영혼이 육체와 결합함으로써 형태가 바뀌어 이미 불멸의 본성을 찾아볼 수 없게 된 것에 대해 비유할 때 글라우코스를 등장시키고 있다. 그러나 여기서 루소의 비유는 플라톤의 비유와 전혀 의미가 다르다. "혼은 그 어떤 나쁜 것에 의해서도, 그것이 그 특유의 것이든 또는 다른 것에 속하는 것이든 간에 파멸하지 않으므로, 이것은 필연적으로 '언제나 있는 것'임이 명백하이. 그리고 그것이 '언제나 있는 것'이라면, 그것은 죽지 않는 것일세……많은 것이 복합되어 이루어진 것이(라 하더라도), 그 복합이 가장 훌륭한 방식으로 이루어진 것이 아닌 한 영원히 존속하기란 쉬운 게 아닐세. 혼이 지금 우리에게 그렇게 보이듯 말일세……혼이 진실로 어떤 것인지를. 그것이 육신과의 결합으로 말미암아 그리고 다른 나쁜 것들로 말미암아 훼손된 상태로 있는 걸 ─지금 우리가 보고 있듯─보지 말고, 그것이 순수한 상태가 되었을 때는 어떤 것일지는 추론에 의해서 충분히 검토해야만 하네. 방금 우리는 혼과 관련해서 그것이 지금으로서는 어떤 것으로 보이는지를 진실 그대로 말했던 걸세. 그렇지만 우리는 혼이 마치 이런 상태에 처하여 있는 걸 본 셈일세. 말하자면 이제 바다의 신 글라우코스를 보는 사람들이 그 원래 모습을 알

아보기란 쉽지 않을 걸세. 그건 그의 옛날 육신의 부분들이 풍랑으로 인하여 일부는 부러지고 일부는 박살이 나 완전히 훼손된 때문이며, 또한 다른 것들이, 즉 따개비와 해초 그리고 돌들이 그에게 덧붙어 자라게 된 때문일세. 그리하여 그는 원래의 자기보다는 오히려 온갖 짐승을 닮아 보이게 되었는데, 혼도 이와 마찬가지로 수없이 많은 나쁜 것으로 말미암아 같은 처지에 있는 것을 우리는 보고 있네"〔플라톤, 《국가》, 박종현 옮김(서광사, 1997), 645~646쪽을 참조하라〕.

18 (옮긴이주) 인간의 타고난 성질 가운데 변하기 쉬운 것을 설명하고자 할 때 루소는 인간 구조constitution humaine라는 말을 쓴다. 여기서 구조는 심신 양면을 가리킨다.

19 (옮긴이주) 로마 제정기의 장군·정치가·학자(23~79). 군사, 역사, 수사학, 자연과학을 연구했고 대백과사전인 《박물지*Histoire naturelle*》 37권을 썼다.

20 (옮긴이주) 제네바 아카데미의 교수(1694~1748). 《자연법의 원리*Principes du droit naturel*》(1747)와 《공권의 원리*Principes du droit politique*》(1751)를 썼다. 여기서는 《자연법의 원리》, 1장 2절을 인용했다.

21 (옮긴이주) 고대 자연법의 창시자들, 특히 아리스토텔레스와 스토아 학파 철학자들을 말한다.

22 (옮긴이주) 3세기경 법의 일반 원칙들을 확립한 울피아누스Domitius Ulpianus, 사도 바울Saint Paul, 파피니아누스Papinianus 같은 학자들을 말한다.

23 (옮긴이주) 근대 자연권 학파의 창시자인 그로티우스Hugo Grotius와 푸펜도르프Samuel Freiherr von Pufendorf, 그리고 여러 측면에서 그들의 영향을 받았다고 할 수 있는 홉스Thomas Hobbes와 로크John Locke를 말한다.

24 (옮긴이주) 루소가 그 이전의 자연법 학자들보다 뛰어난 점이 바로
    이것이다. 즉 루소는 사회와 자연법의 관계를 양자의 변증법적인
    발생 또는 발전이라는 형태로 파악하고 있다.

25 (옮긴이주) 인간이 무엇인지 모르고서는 인간에게 적합한 법률을
    제정할 수 없다. 그러므로 디종 아카데미가 낸 "인간 불평등의 기원
    은 무엇이며, 불평등은 자연법에 의해 허용되는가?"라는 문제는 그
    제기 방식부터가 잘못되어 있다는 뜻이다.

26 (옮긴이주) 루소는 우리의 미개인 조상이 자연 상태에서는 동물들
    과 마찬가지로 다음과 같은 두 가지 특징을 가지고 있었을 거라고
    추측한다. 첫째, 자기애amour de soi : 자신의 생명을 지속적으로 보
    존하려는 자연스러운 충동. 안 좋은 사회 상태에서 빚어지는 후천
    적이고 상대적이며 인위적인 감정인 이기심amour propre과 다르다.
    둘째, 연민pitié : 같은 종의 구성원이 고통받는 것을 보고 느끼는 측
    은지심. 루소는 이 문제에 대해《인간 불평등 기원론》의 제1부에서
    상세히 언급하고《에밀》1, 2, 4부에서도 재론한다.

27 (옮긴이주) 루소와 백과전서파 사람들 사이의 중요한 차이점 가운
    데 하나가 여기서 나타난다. 예컨대 디드로Denis Diderot는《백과전
    서L'Encyclopédie》의 '자연법' 항목에서 자연인이란 사교적인 존재임
    을 밝히고 있다.

28 (옮긴이주) 루소는 동물에 대한 인간의 편견을 지적하고 감성적 존
    재로서의 동물에 대한 연민을 표시한다. 인간은 잔인한 감정을 동
    물에게 전가하여 학대한다는 것이다.

29 (옮긴이주) 정치체는 자연적 집단과 구별되는 것으로 한 정치 집단
    으로서의 국민 또는 국가를 의미한다. 루소의《사회계약론》, 제1부
    제6장 〈사회 계약에 관하여〉에는 다음과 같은 내용이 있다. "우리
    는 각자 자신의 신체와 모든 능력을 공동의 것으로 만들어 전체 의

사la volonté générale의 최고 감독 하에 둔다. 그리고 우리는 각 성원을 전체와 불가분의 부분으로서 한 몸으로 받아들인다. 그 순간, 각 계약자의 개인적 인격은 사라지고 이 결합 행위는 대신 하나의 집합적인 법인체를 만든다. 총회의 투표수와 동일한 수의 성원으로 조직된 이 단체는 바로 그 결합 행위로부터 자신의 통일성과 공동 '자아', 그리고 자신의 생명과 의사를 받는다. 이처럼 개인의 인격들이 모두 결합되는 이 공적 인격을 옛날에는 이름하여 도시국가Cité라 했고, 지금은 공화국Réublique 또는 정치체라 부른다"〔《사회계약론》,《루소 전집Jean-Jacques Rousseau, Œuvres complètes》(Gallimard), 361~362쪽을 참조하라〕.

30 (옮긴이주) 여기서부터 루소의 모든 사상이 출발한다.

31 (옮긴이주) 여기서 그분celui은 비록 대문자로 씌어 있지는 않지만 신을 가리키고 있다고 가정할 수 있다. 그리고 자비로운 손이란 신의 섭리 또는 신의 은총을 의미할 것이다.

32 (옮긴이주) 페르시우스Aulus Persius Flaccus(34~62),《풍자시Satires》, 제3편 71~73행.

33 (옮긴이주) "학문과 예술의 부흥은 풍속의 순화에 기여했는가?"라는 주제의 현상 논문을 공모하여 루소에게《학문예술론Discours sur les sciences et les arts》을 집필케 했고 그에게 수상의 영광을 안겨주었던 디종 아카데미는 다시 한번 루소에게 좋은 기회를 마련해주었다. 1753년 11월《메르퀴르 드 프랑스Mercure de France》지가 "인간 사이의 불평등의 기원은 무엇이며, 불평등은 자연법에 의해 허용되는가?"라는 문제를 내걸고 디종 아카데미가 기획한 두 번째 현상 논문 공모를 발표했던 것이다. 이 현상 논문 공모는 루소로 하여금《인간 불평등 기원론》의 집필을 결심하게 하는 구체적인 동기가 되었다.

34 (옮긴이주) 루소는 인간들 사이에는 두 가지 종류의 불평등이 있다고 주장했다. 첫째, 인간이 통제할 수 없는 자연적 또는 신체적 불평등. 둘째, 인간이 선택할 수 있는 도덕적 또는 정치적 불평등. 이 두 종류의 불평등은 아무런 상관이 없다. 소수가 다수를 통치하는 조치는 타당한 배경이 없는 한 아무런 효력을 가질 수 없으며, 그 타당한 배경은 결국 개인들이 자발적으로 다른 사람에게 그런 통치를 인정해줌으로써 가능한 것이다. 따라서 이 세상에서 통용되는 도덕·정치 구분은 모든 개인들마다 다른 신체 차이(신체적 힘)에 의해 결정되지 않는다. 만약 힘이 곧 도덕이라면, 힘의 행사가 곧 복종해야 할 의무 사항을 만들어낸다는 얘기가 되고, 그렇게 되면 공포를 일으키는 바로 그 방식으로 사람의 존경도 얻어낼 수 있다는 난센스에 가까운 얘기가 되기 때문이다. 루소는 나중에《사회계약론》에서 힘은 법의 기반이 될 수 없다는 사실을 길게 설명했는데, 같은 입장이《인간 불평등 기원론》에도 나타난다. 다른 사회 계약 이론가들과 마찬가지로, 루소는 사회 내의 개인들을 구분하는 법칙은 개인들의 동의에 의해서만 제정할 수 있다고 보았다. 이런 동의가 있을 때, 자연에 의해 형성된 불평등은 인간에 의해 부과되는 불평등으로 변모하는 것이다(《루소 전집》 3권, 160~161쪽을 참조하라). 인류가 어떻게 이런 변모를 겪게 되었는가를 추적하는 것이《인간 불평등 기원론》의 핵심 주제다.

35 (옮긴이주) 법이 제정된 시기를 가리킨다.

36 그로티우스,《전쟁과 평화의 법 *Du droit de la guerre et de la paix*》, 서론 IX.

37 (옮긴이주) 푸펜도르프의《자연과 인간의 법 *Le droit de la nature et des gens*》, 제1권, 제4부, 제4장 ; 로크,《시민정부에 관한 두 편의 논문 *Second Treatise of civil Gouvernement*》, 2장 〈자연 상태에 관하여 *Of the*

State of Nature〉.

38 홉스,《시민에 관하여 *De Cive*》. 제1부, 제14장.

39 (옮긴이주) 'sauvage'라는 단어는 문명 사회 혹은 정치 사회(18세
기의 표현으로는 société civile)를 구성하지 않은, 또는 구성하지 못
한 상태에서 살아가는 사람들을 뜻하며 따라서 넓은 의미의 '시민
citoyen'에 대립되는 개념이다.

40 (옮긴이주) 신의 손 안에 있었던 인간은 초자연 상태에 속하고, 신
에게 생활 방식을 배우고 있음을 인정한다. 루소는 성서가 증명하
는 역사적 진실과 접촉하는 일을 피하고 불경스러운 비난으로부터
스스로를 보호하려 한다. 다음 단락의 "이 모든 사실들을 고려 대상
에서 제외하도록 하자"는 문장이 그 조심성을 나타낸다.

41 (옮긴이주) 〈창세기〉, 〈출애굽기〉, 〈레위기〉, 〈민수기〉, 〈신명기〉를
말한다.

42 (옮긴이주) 루소는 인간의 현재 상태라는 관점에서 탐구를 시작했
기 때문에 그가 가설적으로 만들어낸 과거의 재구성은 실제 사건들
의 연대기와 무관하다. 실제 사실은 논의와 아무런 상관이 없으므
로 제쳐두어야 한다고 말한다. 루소의 탐구는 역사적이라기보다 가
설적인 것으로서, 사물의 본질을 설명하기 위한 것이지 그 실제 기
원을 탐구하려는 것은 아니다. 따라서 그가 말하는 자연 상태는 사
회의 타락한 특징들이 제거된 가상의 세계로 구성된 것이며, 그의
출발점은 알려진 정보가 거의 없는 머나먼 과거가 아니라 우리 모
두가 잘 알고 있는 현재 세계다.《인간 불평등 기원론》은 인류의 보
편사를 더듬으려는 것이 아니고 역사의 형태 속에 투영된 인간 본
성 이론을 탐구하려는 것이다. 그리고 루소가 현대인의 조상으로
묘사한 외로운 미개인은 과거 속의 원시인들 사이에서 찾아볼 수
있는 존재가 아니다. 이것은 홉스, 푸펜도르프, 로크 등이 말했듯 완

벽한 현대인이 존재하지 않는 것과 마찬가지다.

43 (옮긴이주) 뷔퐁George-Louis Leclerc, Comte de Buffon의 《지구 이론 *Théorie de la Terre*》, 모페르튀Pierre-Louis Moreau de Maupertuis의 《우주론 시론*Essai de Cosmologie*》 등을 가리킨다.

44 (옮긴이주) 고대 그리스의 시인·철학자(기원전 431?~기원전 350?). 자연학에 입각한 계몽적 신新사상을 시로 읊었으며 의인적 신관神觀을 비판하고 신은 유일·전능하다고 주장했다.

45 (옮긴이주) 인류의 황금 시대를 암시하는 말이다. 이 책 제2부의 첫머리에서 루소는 갓 태어난 사회, 순수한 자연 상태가 상실되어 있으나, 원시 상태의 심적 안정과 사회 상태의 이기심의 성급한 활동의 중간에 있는 시기를 인류의 청년기이자 가장 행복한 시대로 보고 있다. 인류의 진보를 낙천적으로 예견한 계몽사상가들과 달리 루소는, 강한 의지로 노력하지 않는 한 인류는 쇠퇴 조락의 운명을 면하기 어렵다고 비판한다.

46 (옮긴이주) 이 문장은 암시하는 바가 크다. 즉 '황금 시대'나 '낙원'의 진부한 이미지가 제안하는 것과 반대로, 추억의 대상이 되는 것은 역사의 기원이 아님을 보여주고 있다. 즉 회귀의 욕망은 결코 변천 과정의 출발점으로 되돌아가는 것을 목표로 하지 않으며, 모든 변천의 과정을 취소시키는 것을 목표로 하는 것은 더더욱 아니라는 사실이다……루소는 결코 최초의 시기로의—삶의 맨 처음 시기(우리는 이때를 전혀 기억하지 못한다)이건 아니면 인간성의 첫 단계(루소는 이 단계를 전적인 가설로 정립한다)이건—회귀를 바라지 않는다. 젖먹이 어린아이의 운명에 대해서도, 자연 속의 인간의 운명에 대해서도 아무런 향수를 갖지 않는다. 오히려 몇 가지 측면에서 볼 때 그러한 상태가 그 지적 능력이나 정서적 측면에서 만들어진 인간 또는 문명화된 인간보다 열등하다고 생각한다〔필립 르죈,《자

서전의 규약》, 윤진 옮김(문학과지성사, 1997), 224쪽].

47 (옮긴이주) 오비디우스Ovidius,《변신 이야기*Les Métamorphoses*》제1
    권, 제1장 84~86행을 참조하라.

48 (옮긴이주) 루크레티우스Lucretius,《자연에 대하여*De la nature*》제1
    권, 제5장 923행을 참조하라.

49 (옮긴이주) 스파르타에서는 불구의 아이가 태어나면 즉각 사회에서
    유기하는 일종의 도태 내지 우생적 선별법을 시행했다. 루소는 종
    종 이 일을 들추곤 하는데,《고백*Confessions*》에서 말하고 있듯이, 태
    어날 때 '정말 죽을 뻔'했다가 숙모 쉬잔 덕분에 살아났으므로 "착
    하신 숙모님, 저를 살려주신 일을 용서해드리겠습니다"라고 말하고
    있다.

50 (옮긴이주)《에밀》,《루소 전집》4권, 259~260쪽. 제1부에서 "자연
    을 관찰하라, 그리고 자연이 여러분에게 지시해주는 길을 따르라.
    자연은 끊임없이 어린이들을 훈련시킨다. 자연은 모든 종류의 시련
    을 가지고 어린이들의 체질을 단련시킨다……태어나는 아이들의
    절반은 여덟 살 이전에 죽는다. 시련이 끝나면 어린이들은 힘을 얻
    는다. 그리고 어린이가 그 생명력을 행사할 수 있게 되면 생명의 뿌
    리는 더욱 단단해진다"라는 구절을 참조하라.

51 (옮긴이주) 문명인이 제 연장들에 예속되어 있다는 생각은《에밀》
    에도 나온다. "우리 주변의 기계들을 주워 모으다 보니 이제 우리
    자신 속의 기계는 찾아볼 길이 없다."

52 (옮긴이주) 홉스,《시민에 관하여》, 제1부, 제4장과《리바이어던
    Leviathan》제1부, 제13장을 참조하라. 홉스의 사상이 루소의 사상과
    가장 날카롭게 대립하는 부분은 인간의 본질, 자연 상태에서의 인
    긴의 존재 방법이다 만인 대 만인의 전쟁 상태가 홉스가 본 자연적
    평등의 한 양상이다.

53 (옮긴이주) 몽테스키외Montesquieu를 말한다.《법의 정신*Esprit des lois*》, 제1부 제1편 제2장.

54 (옮긴이주) 영국 국교회 감독으로 홉스의 논적이었다. 푸펜도르프와 마찬가지로 자연 상태는 평화롭다고 보았다. 그는 주요 저서《자연법*De legibus naturae*》(1672)에서 홉스를 반박하고 있다.

55 (옮긴이주) 독일의 법학자·역사학자·정치가(1632~1694). 자연법적 국제법을 제창하여 국가의 성립을 계약으로 설명했다. 그의《자연법과 국제법*De legibus naturae*》은 바르베라크에 의해 프랑스어로 번역되어 간행되었다.

56 〔1782년판〕흑인이나 미개인들이 숲속에서 만나는 야수를 거의 두려워하지 않는 것은 분명히 이런 이유 때문이다. 특히 베네수엘라의 카리브인은 특히 이 점에서는 완전히 안심하여 아무 불편도 느끼지 않고 살아간다. 프랑수아 코레알François Corréal(에스파냐의 여행가로《서인도 제도 여행기*Voyage de François Corréal aux Indes Occiden-tales*》의 저자. 루소는 1722년에 간행된 이 책의 프랑스어판을 읽고 자신의 책에 직접 인용했다—옮긴이주)의 말에 의하면, 그들은 거의 발가벗은 몸에 활과 화살만 걸치고 태연스럽게 숲속으로 들어간다는 것이다. 그러나 그들 가운데 야수에게 물려 죽은 사람이 있다는 이야기는 한 번도 들어본 적이 없다.

57 (옮긴이주)《에밀》,《루소 전집》4권, 265~266쪽을 참조하라.

58 (옮긴이주) "초조와 근심, 걱정, 불안, 특히 약이 얼마나 많은 사람을 죽였던가! 그냥 놔두었으면 저절로 치유되었을지도 모르는 병자와 그저 시간만 경과하면 나을 수 있었던 사람들을 얼마나 많이 죽였던가! 사람들은 나에게 동물들은 자연에 더 잘 맞는 방식으로 생활하기 때문에 우리 인간보다 병드는 일이 적은 것이 당연하다고 할 것이다. 그렇다. 그런 생활 양식이야말로 바로 내가 나의 제자에게

가르치고자 하는 방법이다"(《에밀》,《루소 전집》 4권, 271쪽을 참조하라).

59 (옮긴이주) 이 생각은 루소가 탐독하던 스토아 학파, 세네카나 키케로나 그 전통의 연장선상에 있는 몽테뉴Michel Eyquem de Montaigne 등의 생각, 즉 "병은 정념의 폐해와 문명 생활의 모순에서 생겨난다"는 생각에 연결되고 있다. 루소도 병을 문명 생활에서 파생된 정념과 오류의 결과로 보고 의료나 약물의 폐해를 모르는 자연 생활을 찬양한다.

60 (옮긴이주) 루소의 반대론자에게 반론을 불러일으키고 여러 해설과 논의를 낳은 유명한 말이다. 이것은 디드로의 《백과전서》의 항목 '자연법'에 있는 문구 "이성을 사용하려고 하지 않는 자는 인간의 자격을 포기한 것이며 타락한 동물로 간주되어야 할 것이다"에 대응하고 있다.

61 (옮긴이주) 플라톤,《국가》, 제3편을 참조하라.

62 (옮긴이주) 마카온은 의술의 신인 아스클레피오스의 아들로, 아버지에게서 의술을 배워 그리스 군대의 군의관이라는 중요한 직책을 맡아 트로이 원정에 참가했다.

63 〔1782년판〕 그리고 켈수스Aulus Cornelius Celsus(기원전 1세기 로마의 저술가. 히포크라테스 의학과 알렉산드리아 의학을 집성한 저서 《의학에 관하여De Medicina》로 유명하다―옮긴이주)는 오늘날 그 필요성이 분명하게 인식되고 있는 식이요법이 히포크라테스에 의해 발명되었다고 보고하고 있다.

64 〔1782년판〕 여기에는 몇 가지 예외가 있을지 모른다. 예컨대 니카라과 지방에 사는 어떤 동물의 경우가 그렇다. 여우와 비슷하게 생긴 이 동물은 인간의 손과 같은 발을 갖고 있다. 프랑수아 코레알의 말에 의하면 이 동물의 아랫배에는 주머니가 달려 있어서 어미가

쫓기게 될 경우에는 그 속에 새끼를 넣고 뛸 수 있다고 한다. 라에 Jean Laët(1593~1649, 네덜란드의 지리학자, 박물학자. 네덜란드의 서인도회사 탐험대가 수집한 관찰 기록을 편찬하여 1633년에 출판했고, 1650년에는 《신세계사 또는 서인도 제도지諸島誌》를 프랑스어로 번역했다―옮긴이주)에 따르면, 멕시코에서 볼 수 있는 트라카찬이라는 동물의 암컷에도 그런 주머니가 있다고 한다.

65 (옮긴이주) 여기서 루소는 자기가 말하는 '미개인'(사회 상태 이전의 미개인)을 여행가들이 보고한 미개한 주민들과 동일시하고 있는 것 같다.

66 (옮긴이주) 이와 같은 사고 방식은 데카르트René Descartes에게서 비롯된 것으로, 18세기에 들어와서는 흔히 볼 수 있었다.

67 (옮긴이주) 동물은 본능에 의해 움직이는 기계적 존재로 자신의 행위를 변경할 가능성이 전혀 없으므로 행위를 무한히 반복할 수밖에 없다. 어떤 종이든 동물의 수천 년 또는 수만 년 전의 형태와 현재의 형태 사이에는 근본적인 차이가 없다. 그러나 인간은 다른 종의 동물과는 달리 자유로운 존재다. 자연 상태의 인간은 규칙도 예속도 없이 살기 때문에 자유로운 존재이고, 자족적인 삶을 누리기 때문에 누구에게도 예속되지 않는다는 의미에서 자유로운 존재라고 할 수 있다. 그러나 다른 동물과 구별되는 하나의 종種으로서 인간을 자유로운 존재로 규정해주는 것은 인간이 행위를 선택하고 변경할 수 있는 기능을 지녔다는 점이다. 루소의 인간은 프랑스의 의사이자 철학자인 라 메트리Julien Offroy de La Mettrie의 인간 기계론이 주장하는 것과는 달리 원인과 결과의 인과율에 철저히 예속된 단순한 기계가 아니다.

68 (옮긴이주) 몽테뉴는 《수상록Essais》, 제1부 제1편 제42장 〈우리 사이의 불평등에 관해De l'inégalité qui est entre nous〉에서 그런 말을 하

고 있다. 몽테뉴는 플루타르코스의 비슷한 견해를 들어 이에 동의하고 있다.

69 (옮긴이주) 완성 가능성perfectibilité이라는 단어는 일반적으로 루소가 만든 것으로 알려져 있다. 18세기의 중요한 프랑스 민간 국어 사전인 《트레부 사전*Dictionnaire de Trévoux*》의 제6판(1771)부터 나타났고, 아카데미 사전 제5판(1798)에 루소가 말한 뜻으로 나타나 있다. 루소는 이 용어를 역사철학과 정치사상사에 새롭게 도입했다. 자연 상태에서 각 인간은 자신의 본질적 특성을 바꾸고 개선하는 능력을 갖고 있었다. 다른 동물에게는 없는 이런 습관을 갖게 되자, 그 습관을 자신의 특성 중 항구적인 부분으로 만들 수 있었다. 루소가 볼 때 인간이 변화의 역사를 감당해나갈 수 있었던 것은, 다른 동물과는 다르다는 그 사실 때문이 아니라 자신을 도덕적 행위자로 완전하게 만들 수 있기 때문이었다. 천 년의 역사가 흘러갔어도 동물은 여전히 천 년 전과 동일한 본능과 생활 양식을 갖고 있어 계통 발생이 개체 발생보다 우선한다는 것을 보여준다(《루소 전집》 3권, 142쪽을 참조하라). 그러나 인간은 동물과 뚜렷이 구분되는 자기 개선 능력을 갖고 있는 한편 동일 논리에 의해 자기 피해에 이르는 역행적인 조치를 취할 능력도 갖고 있다. 이렇게 하여 루소는 자유와 완성 가능성이라는 미발달의 잠재 속성이 인류의 역사적 진화를 가능하게 했다고 결론지었다. 그는 인간의 본성이 홉스, 푸펜도르프, 로크가 상상했던 것보다 훨씬 동물에 가깝다고 상정하면서도, 미개인과 문명인의 차이가 여러모로 미개인과 다른 동물과의 차이보다 크다고 주장했다(《루소 전집》 3권, 139쪽을 참조하라).

70 (저자주) 어느 유명한 작가[1]는 인간이 평생 동안 행한 선악을 계산하면 악이 선을 능가하며 그 결과 인생은 인간에게 그다지 좋은 선물이 아니라는 사실을 발견하게 되었다. 나는 그의 결론에 조금

도 놀라지 않는다. 그가 모든 논의를 문명 속의 인간에게서 끌어내고 있기 때문이다. 만일 그의 추론이 자연인에게까지 거슬러 올라갔다면 아주 다른 결론에 이르렀을 것이다. 또한 인간의 악은 스스로 불러일으킨 것이 대부분이라는 사실을 발견했을 것이며, 그럼으로 해서 자연의 정당성도 입증될 수 있었을 것이다. 우리가 우리 자신을 이처럼 불행하게 만드는 동안 많은 우여곡절이 있었다. 한편으로는, 방대한 학문 연구, 수많은 기술의 발명, 막대한 노력이 소요된 심연 매립과 산을 깎고 바위를 쪼개고 운하를 만드는 등의 큰 공사, 토지 개간, 인공호 건설, 소택지 간척, 거대한 건물의 축조, 거대한 배의 건조 등 인간의 막대한 사업들을 생각할 때, 또 한편으로는 이 모든 것이 인류의 행복에 미친 참된 이득을 조금이라도 깊이 연구해볼 때, 이 양자 사이에 존재하는 커다란 불균형에 놀라지 않을 수 없으며 인간의 무분별함을 한탄하지 않을 수 없다. 인간은 사리 분별을 못하고 어리석은 교만과 그지없이 공허한 자기 예찬을 위해 자연이 호의적으로 막아주었던 모든 참상을 오히려 재촉하고 있는 것이다.

인간들은 사악하다. 슬프고도 지속적인 체험으로 미루어 보건대 이는 증명할 필요도 없다. 하지만 인간은 본래 선량하며 나는 그러한 사실을 증명했다고 믿는다. 그렇다면 인간을 이토록 타락하게 만든 것은 그의 체질 속에 일어난 변화와 진보 그리고 그가 획득한 지식이 아닐까? 우리는 인간 사회를 얼마든지 찬미할 수 있으나 그 사회는 결국 사람들의 이해 관계가 충돌하면서 서로 미워하고, 겉으로는 상부상조하는 척하지만 속으로는 서로가 가능한 모든 해를 끼치려고 한다는 점을 부인하지는 못할 것이다. 각 개인은 공공의 이성이 사회라는 집단에 가르치는 것과는 정반대의 격률을 그들 자신에게 강요하고, 남의 불행 속에서 자기의 이익을 찾는 상호 관계에 대해 어떻게 생각해야 하는가? 탐욕스러운 상속자들이나 자식들은 부유한 자가 죽기를 내심 바라 마지않는다. 그리고 바다 위에 떠 있는 배들 가운데 협상을 할 배가 만약 난파를 당한다면 협상 상대인 상인이 기뻐하지 않을 리가 없다. 고약한 채권자가 집 안에 있는 모든 서류와 함께 불에 타 죽기를 바라지 않는 채무자는 한 사람도 없을 것이다. 이웃 민족의 재난을 기뻐하지 않을 민족은 없을 것이다. 이처럼 우리는 동포의 손해를 통해 자기 이익을 찾고, 한쪽의 파멸은 대부분 다른 쪽의 번영을 가져온다. 그러나 그보다 더욱 위험한 것은 많은 사람들이 공공 재해를 기대하고 희망한다는 사실이다. 어떤 이는 병을, 어떤 이는 죽음을, 또 어떤 이는 전쟁을 원한다. 나는 풍년이 들 징조를 보면서 한탄하는 무서운 사람들을 본 적이 있다. 그리고 많은 이들의 생명과 재산을 잃게 만든 런던의 처참한 대화재로 인해 아마 만 명 이상의 사람들이 이득을 보았을 것이다. 아테네인 데마데스는 시민들의 죽음을 이용해 관을 비싸게 팔아 큰돈을 번 어느 목수를 처벌한 일이 있다. 나는 몽테뉴가 이를 비난한 사실을 알고 있다. 그런데 몽테뉴가 내세우는 논거는 그렇게 하면 다른 사람들까지도 처벌해야 한다는 데 있으므로, 이는 결국 나의 논거를 증명하고 있는 것이다. 그러므로 우리는 쓸데없는 가식적인 친절 너머 마을 한구석에서 무슨 일이 일어나고 있는지를 알아내야 한다. 그리고 모든 사람들이 서로 사랑하면서도 파멸시켜야 하고 의무를 다하기 위해 적이 되어야 하며 이해 관계의 충돌로 말미암아 사기꾼이 되는 상태가 과연 어떨 것인가를 반성해보아야 한다. 누군가가 나에게 사회는 각자가 타인에게 봉사함으로써 이득을 보게끔 되어 있다고 대답한다면, 나는 해를 끼침으로써 더 많은 이득을 얻지 않으면 그야말로 다행이라고 반론을 제기할 것이다. 적어도 정당한 이익이 부당한 수단으로 얻을 수 있는 이익을 능가하는

경우는 결코 없다. 그리고 이웃에게 줄 수 있는 손해는 언제나 봉사
보다 실속이 있는 법이다. 그때에는 어떻게 처벌에서 벗어날 수 있
는지가 문제될 뿐이다. 이를 위해 강자는 온갖 힘을 기울이고 약자
는 모든 책략을 짜낸다.

미개인은 식사를 마치면 자연 전체와 친밀해지며 모든 동포를 친구
로 삼는다. 가끔 먹이 문제로 싸우기도 하지만, 미리 상대를 넘어뜨
리는 어려움과 밖에서 음식을 찾아내는 어려움을 비교한 다음이 아
니면 결코 주먹다짐에까지 이르지는 않는다. 싸움을 한다 해도 교
만이 개입하는 일은 없으므로 두세 번의 주먹질로 끝나버린다. 이
긴 사람이 먹고 진 사람은 다른 곳으로 먹을 것을 찾아 나서면 만사
가 해결된다. 그러나 사회 속 인간의 경우에는 사정이 다르다. 그들
에게는 우선 생활 필수품을, 다음에는 사치품을 공급하지 않으면
안 된다. 그 후에는 환락에 이어 엄청난 부와 시종과 노예가 따른다.
그는 잠시도 쉴 수 없다. 더욱 놀라운 것은 욕망이 자연적이고 절
박하지 않을수록 정념이 점점 고조된다는 사실이며, 더욱 나쁜 것
은 그것을 만족시키는 힘도 증가한다는 것이다. 그러므로 이 부자
는 한참 동안 많은 재물을 삼키고 수많은 사람들을 괴롭힐 것이다.
그리고 마침내 우리의 주인공은 모든 것을 착취하여 세계의 유일한
주인이 될 것이다. 이러한 것이 바로 인간 사회, 적어도 모든 문명화
된 인간 심정의 은밀한 의도를 담고 있는 도덕적인 그림이다. 할 수
있다면 아무런 편견 없이 문명인의 상태를 미개인의 상태와 비교
해보고, 문명인이 그 사악한 욕망과 참상 외에도 고통과 죽음을 향
해 얼마나 많은 문호를 개방해놓았는가를 연구해보라. 우리를 소모
시키는 정신적인 고통, 우리를 피곤하게 하고 괴롭히는 걱정, 가난
한 사람들에게 무거운 짐이 되어 있는 과도한 고통, 어떤 사람들에
게는 결핍되어 있으나 어떤 사람들에게는 너무 지나쳐서 탈이 되고

마는 위험한 안일, 이런 것들에 대해 반성해보라. 그리고 음식물의 비정상적인 혼합, 해로운 조미료, 썩은 식료품, 변조된 약품, 그것을 파는 자들의 사기 행위, 그것을 복용하게 하는 자들의 과오, 그것을 조제하기 위해 사용하는 용기의 독, 이런 것들을 염두에 두어보라. 그러면 자연의 교훈을 무시한 대가가 얼마나 값비싼가를 느낄 수 있을 것이다.

나는 전쟁에 대해서는 다른 곳에서 이미 언급했기에 다시 말하지 않으려고 한다. 하지만 군대의 군수 물자 담당자나 병원의 청부업 자들이 자행하는 비리의 상세한 내막에 대해 교육받은 사람들이 한 번은 공표했으면 한다. 그렇게 함으로써 공공연한 비밀이 되고 있는 그들의 협잡이, 가장 훌륭한 군대도 한순간에 와해시킬 수 있으며 적의 칼에 쓰러진 것보다 더 많은 병사들을 죽음으로 몰아넣을 수 있음을 모두에게 알릴 수 있을 것이다. 또한 항해 도중에 굶주림이나 괴혈병, 해적, 화재, 난파로 인해 죽음을 당하는 사람들의 수도 이에 못지않다. 말살, 독살, 납치 등의 범죄와 그에 대한 처벌 역시 명백히 사유 제도의 탓, 따라서 결국은 사회의 탓으로 돌려야 한다. 처벌은 더욱 큰 악을 예방하기 위해 필요하지만 그것은 한 사람의 피살로 둘 또는 그 이상의 인명을 잃게 하는 것이므로 사실상 인류의 손실을 배가하기 때문이다. 인간의 출생을 제지하는 자연에 위배되는 수치스러운 수단이 얼마나 성행하고 있는지 모른다. 그것은, 자연의 가장 매혹적인 작품을 모독하는 저 기만적이고 타락한 취미, 미개인도 동물도 알지 못했으나 문명국에서 오로지 부패한 상상력에 따라 또는 방종과 불명예의 당연한 결과인 은밀한 낙태에 따라 이루어진다. 또는 양친의 빈곤이나 모친들의 야만적인 치욕의 희생으로 수많은 아기들이 유기되거나 살해됨으로써, 또는 자기 생존의 한 부분과 자손의 전부가 공허한 노래로 말미암아 이루어신다. 그리고 그보다 더욱 고약한 것은 어떤 사람들의 잔인한 질투에 희생된 저 불행한 사람들을 거세함으로써 이루어진다. 그리고 이 경우는 거세된 사람들이 받는 대우로 보나 그들이 이용되는 목적으로 보나 이중으로 자연을 모독하는 것이다.[2]

만일 인류가 그 근본은 물론 모든 관계 중에서도 가장 신성한 관계인 결혼에서까지 부당한 침해를 받고 있다는 것을 보여주려 했다면 과연 어떻게 될 것인가? 그런 상태에서 사람들은 벌써 재산을 고려한 뒤가 아니면 굳이 자연에 귀를 기울이려 하지 않는다. 또한 사회의 무질서로 인해 미덕과 악덕이 혼동되어 있으므로 절제는 조심스러운 죄악으로 간주되며 동포에게 삶을 열어주려 하지 않는 것이 인도적인 행위가 되어버린다. 그러나 이처럼 두려운 광경을 가리고 있는 장막을 찢어버리기보다는 다른 사람들이 치료해야 할 악을 제시하는 것에서 멈추겠다.

이 모든 것 외에도 광산 노동, 납, 구리, 수은, 코발트, 비소, 계관석 등의 광물 및 금속 제조와 같이 수명을 단축하거나 체질을 파괴하는 건전하지 못한 직업을 수없이 많이 추가할 수 있다. 또한 와공, 목공, 미장이, 석공 등 매일 많은 노동자의 생명을 좀먹고 있는 위험한 직업들도 추가할 수 있다. 그것들을 한데 모아보면, 많은 철학자들이 관찰한 종의 감소 이유를 사회의 성립과 완성에서 찾아낼 수 있을 것이다.

안일함과 타인의 존경을 추구하는 사람들로서는 사치를 피할 수 없다. 마침내 그 사치는 사회가 태동시킨 악을 완성하기에 이른다. 그리고 원래는 없었어야 할 가난뱅이들을 먹여 살린다는 구실로 다른 모든 사람들을 가난뱅이로 만들며 얼마 안 있어 국가의 인구를 감소시킨다.[3]

사치는 치료하고자 하는 악보다도 훨씬 나쁜 치료법이다. 사치는 오히려 그 자체가 크고 작음을 불문하고 어떤 국가에서나 모든 악 가운데서 최악의 형태다. 사치는 자신이 창출해낸 무수한 종복들이나 부랑자들을 기르기 위해 시민과 노동자들을 억압하고 파멸시킨다. 그것은 마치 남방의 열풍과 같은 것으로, 이 열풍은 해충으로 하여금 푸른 초목을 파먹게 하여 동물의 유일한 먹이를 앗아가고 도처에 기아와 죽음을 초래했다.

사회와 그 사회가 발전시킨 사치는 자유 학예arts libéraux, 수공예, 상업, 문예를 낳는다. 이것들은 산업을 발달시키고 풍요하게 하지만 결국에는 국가를 망치는 무용지물이다. 그 멸망의 이유는 매우 간단하다. 농업이 성격상 모든 기술 가운데서 가장 실속이 없음은 쉽게 알 수 있다. 그 이유는, 농산물은 모든 인간에게 필요하므로 가장 가난한 이들의 능력과 균형에 맞추어야 하기 때문이다. 같은 이치로, 우리는 일반적인 기술에서 얻을 수 있는 이득은 그 기술의 유효성에 반비례하며, 가장 필요한 것이 결국 가장 등한시된다는 규칙을 도출해낼 수 있다. 이로써 우리는 산업의 진정한 이익과 그것의 발달에서 생기는 현실적인 효과에 대해 어떻게 생각해야 하는지를 알 수 있다.

그러한 것들이 급기야는 가장 부유한 나라들까지도 벗어날 수 없는 모든 불행의 민감한 원인들이다. 산업이나 기술이 널리 보급되고 발전함에 따라 농민은 더욱 천대를 받고 몇몇의 사치를 위한 세금을 부담하면서 노동과 굶주림 속에서 일생을 보내게 마련이다. 이리하여 농민들은 논밭을 버리고 본래는 그들이 만들어 도시에 공급해야 하는 빵을 구하러 도시로 간다. 그리하여 대도시가 인민의 어리석은 눈을 놀라게 하고 경탄을 자아낼수록 논밭은 버려지고 황폐해진다 거리는, 거지나 도둑으로 전락하여 언젠가는 극형을 당하거나 비참함 속에서 인생을 마감하게 될 불행한 시민들로 넘쳐난다. 이렇게 해서 국가는 부유해지는 한편 약화되어 인구가 감소하게 된다. 가난한 국민은 부유한 국가를 침략하려는 유혹에 빠진다. 그때는 부유해지더라도 이어서 무기력하게 되어 마침내 또 다른 국가의 침략을 받아 멸망하고 만다.

몇 세기 동안이나 유럽과 아시아와 아프리카를 횡행하던 야만인들의 대군이 어떻게 해서 생겨났는지 누가 한번 설명해주었으면 한다. 그들의 수가 그처럼 많아진 것은 뛰어난 기술이나 산업 발달, 훌륭한 법률이나 뛰어난 정치 조직 때문인가? 우리 학자들은 그토록 사납고 거칠며 지식도 자제력도 없고 교육도 받지 못한 자들이 그처럼 크게 번식하면서도 목초나 먹이를 차지하기 위해 서로 살육을 저지르지 않는 이유를 무엇이라고 보는가? 학자들은 그런 보잘것없는 자들이 어떻게 훌륭한 군사 훈련과 뛰어난 법률을 지녔던 슬기로운 우리 선조들에게 감히 정면으로 대적할 수 있었는지 설명해주기 바란다. 마지막으로, 북방의 여러 나라에서 사회가 완성되고 사람들이 수고를 아끼지 않고 각자의 의무를 다하는 동시에 즐겁고 평화롭게 살아가는 방법을 가르치려고 노력한 이래, 어째서 우리는 더 이상 그 나라들에서 일찍이 볼 수 있었던 사람들과 유사한 사람들을 볼 수 없게 된 것인가? 나는 누군가가 마지막에, 인간이 발명한 기술이나 법률 같은 이 모든 위대한 것이 페스트와 같은 것이라고 주장할까 봐 두렵다. 우리에게 거주 공간으로 제공된 이 세계가 너무 비좁아지지 않도록 종의 지나친 번식을 억제하는 유익한 페스트 말이다.

그렇다면 어떻게 해야 하는가? 사회를 파괴하여 내 것과 네 것의 경계를 없애고 숲으로 돌아가 곰들과 함께 살아야 할 것인가? 이것이 나의 적대자들이 내리는 결론이지만, 나는 그와 같은 결론을 끌어냈다는 것에 대해 그들에게 수치심을 안겨주고 그에 대한 예방책을 마련하고자 한다.[4] 아, 여러분은 하늘의 목소리를 전혀 듣지 못하고 자기들의 종을 위해 평화롭게 짧은 생애를 마치는 것 외에는 아무 목적도 인정하지 않는다. 그렇다 해도 여러분은 불길한 획득물, 불안한 정신, 부패한 심정, 터무니없는 욕심을 도시의 한복판에 버릴 수 있다! 아직도 늦지 않았으니 저 태고의 원시적인 순진성을 되찾아보자. 우리 시대 사람들의 범죄를 보거나 기억하지 않기 위해 숲속으로 가자. 그리고 인류의 악덕을 버리기 위해 그 지식도 버림으로써 인류의 가치를 떨어뜨리는 것을 조금도 두려워하지 말라. 정념이 원시의 순수성을 영원히 파괴해버린 나와 같은 인간들은 이제는 풀이나 도토리로 살아갈 수 없고 법률이나 통치자 없이 살아갈 수 없다. 최초의 조상에게서 초자연적인 교훈을 받는 영광을 누린 사람들, 오랜 세월로도 획득할 수 없었던 도덕성을 처음부터 인간 행위에 부여하기 위해 그 자체로서는 아무 가치도 없고 다른 체계 속에서는 설명할 수도 없는 어떤 계율의 근거를 찾으려고 하는 사람들, 요컨대 천상의 지혜가 발하는 광명과 행복으로 온 인류를 신의 목소리가 초대할 것을 굳게 믿고 있는 사람들은 미덕을 익히며 실행하지 않을 수 없다. 자신들이 당연히 기대해도 좋을 영원한 상賞을 타기에 합당한 자격을 갖출 수 있도록 애쓸 것이다. 그들은 자신이 속한 사회의 신성한 관계들을 존중할 것이다. 그들은 동포를 사랑하고 동포를 위해 힘을 기울일 것이다. 그들은 법률과 법률을 만들고 집행하는 사람들에게 신중히 복종할 것이다. 특히 그들은 언제나 우리를 짓누를 준비가 되어 있는 저 무수한 폐해나 악을 예방하고 치유할 수 있는 선량하고 현명한 군주들을 존경할 것이다. 그들은 두려움이나 아첨을 내보이지 않으면서도 훌륭한 통치자들에게 그들이 일의 위대성과 그 의무의 엄숙함을 보여주고 그들의 열의를 고무할 것이다. 그러나 그들은 자신들의 주의에도 불구하고 언제나 표면상의 이익보다 현실적인 재해가 더 많이 생기기 때문에, 그들이 원해도 좀처럼 만나기 힘든 많은 훌륭한 사람들의 도움을 받아야만 유지되는 사회를 경멸할 것이다.

1) (옮긴이주) 루소는 여기서 《도덕철학 시론*Essai de philosophie morale*》의 저자인 모페르튀를 빗대어 말하고 있다.

2) 〔1782년판〕 그러나 아버지의 권리가 공공연히 인간성을 모독하는 불미스러운 경우가 얼마든지 있지 않을까? 아버지들의 경솔한 속박 때문에 묻히게 된 재능이나 강요된 자질이 얼마나 많은가! 적당한 환경이 주어졌다면 충분히 재능을 살렸을 텐데 자기가 원하지도 않는 환경에 놓였기 때문에 불행과 불명예 속에 사라져가는 사람들이 얼마나 많은가! 자연의 질서와는 상반되는 질서로 인해 행복해질 수 있음에도 불구하고 신분의 차이로 좌절되고 방해받은 결혼이 얼마나 많으며, 그 가운데 얼마나 많은 정숙한 아내들이 오욕을 덮어써야 했는가! 게다가 얼마나 많은 성실하고 덕성 깊은 부부가 서로 어울리는 배우자가 되지 못해 피차 괴로움을 주고 있는가! 얼마나 많은 불행한 젊은이들이 그들 부모의 탐욕의 희생양이 되어 악습에 빠지거나 눈물로 세월을 보내며, 마음속으로는 혐오하는 황금으로 인해 생긴 헤어날 수 없는 속박 때문에 괴로워하는가! 야만스러운 폭력 때문에 평생을 죄책감과 절망 속에서 보내기보다 자기의 용기와 미덕에 따라 자결하는 여성들은 오히려 행복할지도 모른다. 영원히 가엾은 부모들이여, 나를 용서하시라. 유감스럽게도 나는 당신들의 고통에 부채질을 하고 있다. 그러나 자연권 가운데서 가장 신성한 것을 자연의 이름을 빌려 벌하려는 자에게 당신들의 고통이 영원토록 두려운 선례가 되었으면 한다.

나는 우리 사회 조직의 소산인 이와 같은 잘못된 결합에 대해서만 얘기했지만, 그렇다고 해서 애정과 동정심이 지배하는 결합에는 아무런 결함이 없는 것일까?

3) (옮긴이주) 루소는 스타니슬라스 왕에게 보내는 답변에서 불평등은 그 자체가 사치와 안이함을 양성하는 부유함에 있다고 밝힌다. 그는 여기서 사치가 경제 발달에 유익하다는 결론을 반박한다.

4) (옮긴이주) 그러나 볼테르는 루소를 읽고 나서 이러한 부류의 결론을 끄집어낸다. 반면 루소에게는 모든 퇴보, '자연으로의 회귀'는 불가능하다. 다만 이 자연으로부터 너무 멀리 벗어나지 않는 것이 문제다.

71　(옮긴이주) 대서양 쪽으로 흘러드는 베네수엘라의 큰 강이다. 루소는 여기서 기술한 자료를 앞서 말한 프랑수아 코레알의 《서인도 제도 여행기》(1722)에서 얻은 것 같다. 갓 태어난 유아의 머리와 얼굴을 판자 조각으로 눌러 납작하게 하는 이 어리석고 기이한 풍습이 문명의 해악을 피하기 위하여 필요하다는 데 대해 한탄하고 있음을 그의 말투에서 느낄 수 있기 때문이다.

72　(옮긴이주) 《에밀》 제1부에 나오는 의식의 첫 상태에 대한 설명을 참조하라. "우리는 배울 수 있는 능력은 있지만 아무것도 알지 못하며 또 아무것도 인식하지 못하는 상태로 태어난다. 영혼은 불완전하고 미완성인 신체 기관 속에 매여 있으므로 자기 자신의 존재에 대한 지각조차 없다"(《루소 전집》 4권, 279~280쪽을 참조하라).

73　(저자주) 우리가 알고 있거나 역사가나 여행자들을 통해 알고 있는 사람들 가운데에는 흑인도 있고 백인도 있으며 황인도 있다. 어떤 사람의 머리카락은 길고 어떤 사람의 머리카락은 곱슬곱슬하다. 털 투성이인 사람도 있고 턱수염 하나 없는 사람도 있다. 지금도 마찬가지지만 전에는 키가 무척 큰 민족이 있었다. 그리고 분명히 과장에 불과한 왜소한 민족인 피그미족의 이야기는 별도로 치더라도 라포니아인, 특히 그린란드인의 평균 신장이 상당히 작다는 것은 널

리 알려진 사실이다. 네발짐승처럼 꼬리가 달린 민족이 있다고 주
장하는 이도 있다. 헤로도토스나 크테시아스Ctesias[1)]의 견문록을 맹
목적으로 믿지 않더라도 적어도 다음과 같이 진실에 가까운 의견을
이끌어낼 수 있다. 즉 여러 민족이 현재와는 매우 다른 생활 양식에
따라 살아갔을 고대를 충분히 관찰할 수 있다면, 적어도 신체의 형
태나 습관 속에서 훨씬 많은 다양성을 찾아볼 수 있을 것이라는 점
이다. 명백한 증거를 쉽게 댈 수 있다. 하지만 자기 주변의 대상들만
을 보는 습관이 몸에 배어 있는 사람들은 기후·공기·음식·생활 양
식 등의 다양성, 일반적으로 관습의 다양성이 보여주는 강력한 효
과, 그리고 특히 동일한 원인이 몇 세대에 걸쳐 계속해서 작용할 때
드러나는 놀라운 위력에 놀랄 것이다. 무역이나 여행 또는 정복이
여러 민족을 더욱 긴밀하게 결합시켜 그들의 생활 양식은 잦은 교
류를 통해 끊임없이 닮아간다. 따라서 오늘날에는 국민적인 차이가
어느 정도 감소되고 있음을 알 수 있다. 예를 들어, 오늘날의 프랑스
인은 예전에 라틴 역사가들이 묘사했던 바와 같이 살결이 희고 금
발에다 커다란 몸집을 하고 있지는 않다. 그들의 피부색과 체격은
기후의 영향에서 벗어나 있다가 로마인과의 접촉으로 인해 똑같이
살결이 희고 금발인 프랑크인과 노르만인의 혈통과 섞이면서 시간
의 흐름에 따라 회복되었다고 말할 수 있다. 수많은 원인으로 인해
인류에게서 발생할 수 있고 또한 실제로 발생한 다양성에 대한 관
찰이 나로 하여금 다음과 같은 사실을 의심해보게 한다. 충분히 조
사하지 않았거나 표면상 약간의 차이 때문에, 또는 단지 말이 통하
지 않았다는 이유에서 여행가들이 짐승으로 여겼던 여러 동물들이
실제로는 미개인이 아니었을까? 이미 오래전에 삼림 속에 흩어진
그 인종은 자기들의 잠재적인 능력을 발전시킬 기회가 없었기 때문
에 어느 정도 완성에 이르지 못한 채 지금까지 원시 상태에 놓여 있

는 것은 아닐까? 내가 얘기하고 싶은 바에 대해 예를 들어보자.

《여행기*Histoire générale des voyages*》의 번역자는 이렇게 말한다.

"콩고 왕국에는 동인도 사람들이 오랑우탄이라고 부르는, 인류와 원숭이의 거의 중간쯤에 해당하는 커다란 동물들이 많이 있다. 로앙고 왕국[2]의 '마욤바'라는 숲에는 두 가지 괴물이 있는데 큰 녀석은 퐁고Pongos, 작은 녀석은 엔조코Enjokos라 부른다고 바텔Andrew Batel[3]은 이야기하고 있다. 퐁고는 인간을 닮은 데가 있지만 인간보다 훨씬 뚱뚱하고 키가 크다. 얼굴은 인간이지만 눈이 움푹 들어가 있다. 손, 뺨, 귀에는 털이 없지만 눈썹만은 예외적으로 무척 길다. 몸의 다른 부분에는 털이 상당히 많은데, 털 색깔은 그다지 진하지 않은 갈색이다. 끝으로 그들과 인간을 구별하게 해주는 유일한 부분은 종아리로, 그들의 종아리에는 살이 붙어 있지 않다. 그들은 손으로 목을 잡고 똑바로 서서 걷는다. 그들의 은신처는 숲속으로, 그들은 나무 위에서 잠을 자며, 잠자리 위에는 비를 피할 수 있도록 지붕 같은 것이 달려 있다. 그들은 야생 과일이나 견과류를 먹으며 고기는 절대 먹지 않는다. 흑인들이 숲속을 지나칠 때에는 밤새 그곳에서 불을 피우는 것이 일종의 습관처럼 되어 있는데, 그들이 아침에 출발하고 나면 퐁고가 불 옆에 자리를 차지하고 앉아서 불이 꺼질 때까지 그 자리를 지킨다. 퐁고는 매우 영리하지만 나무를 모아 불을 지필 정도의 지능은 소유하지 못했기 때문이다. 그들은 종종 무리를 지어 다니면서 숲속을 지나가는 흑인들을 잡아 죽이기도 한다. 또 코끼리와 마주치는 경우도 있는데 주먹이나 막대기로 맹렬히 공격하여 코끼리들이 비명을 지르며 도망치지 않을 수 없게 한다. 퐁고는 생포되는 일이 절대 없다. 그들은 매우 건장하여 열 명의 장정으로도 사로잡기에 벅차기 때문이다. 흑인들은 우선 어미 퐁고를 죽인 후 그 몸에 달라붙어 있는 새끼 퐁고들을 사로잡는다. 이들 가운데 죽는 놈이 있으면 나머지들이 그 시체를 나뭇가지나 잎사귀로 덮어준다. 퍼처스Samuel Purchass[4)]는 바텔과 가졌던 대담을 덧붙여 말한다. 바텔은 어떤 퐁고에게 흑인 아이를 빼앗긴 적이 있다고 한다. 이 아이는 퐁고들 사이에서 꼭 한 달 동안을 지냈다고 한다. 이 흑인 아이가 본 바에 의하면, 그들은 적어도 인간이 노려보지 않으면 습격은 하더라도 결코 해치지는 않는다고 한다. 그러나 바텔은 또 다른 괴물 엔조코에 대해서는 단 한 줄의 기록도 남기지 않았다. 다페르Olfert Dapper[5)]가 확인한 바에 의하면, 인도에서는 오랑우탄 즉 '숲의 주민'이라 부르고 아프리카에서는 '코자 모로'라고 부르는 동물이 콩고 왕국에 많다고 한다. 이 짐승은 인간을 무척 많이 닮아서 몇몇 여행가들이 여자와 원숭이 사이에 태어난 것일지도 모른다고 생각할 정도라고 한다. 하기야 흑인들조차 그러한 공상은 배격하고 있다. 이 동물 한 마리가 콩고에서 네덜란드로 운반되어 앙리 도랑주Frédéric-Henri d'Orange(1584~1647)에게 바쳐졌다. 이놈은 세 살 정도의 어린아이 키에 살집이 있다고 할 수는 없으나 튼튼하고 균형 잡힌 몸집을 하고 있었다. 움직임이 매우 민첩하고 활발하며 다리는 통통하고 건장하며 신체의 앞부분에는 털이 나지 않았지만 허리는 온통 검은 털로 뒤덮여 있었다. 언뜻 보면 얼굴은 인간과 비슷했지만 코가 유난히 납작하고 구부러져 있었다. 귀도 인간과 비슷했다. 그리고 젖가슴은 암컷이라서 제법 부풀어 있었고 배꼽은 쑥 들어가고 어깨는 날씬하며 손은 엄지손가락과 다른 손가락들로 구분되고 종아리와 발뒤꿈치는 통통하게 살이 붙어 있었다. 때때로 두 다리로 똑바로 서서 걸으며 매우 무거운 짐을 들어올리거나 운반하기도 했다. 술이 마시고 싶으면 한쪽 손으로 항아리 뚜껑을 잡고 다른 손으로 밑을 받쳐 입술로 들이마셨다. 잠을 잘 때는 머리를 베개에 얹고 꼭 침대에서 자는 사람처럼 드러누웠다. 흑인들은 이 동물에 대해 놀라운 얘기를 한다. 그들은 이 동물이 부녀자들을 침범할 뿐만 아니라 무기를 가진 남자도 대범하게 공격한다고 한다. 한마디로 이 동물은 고대의 사티로스Satyros[6)]처럼 여겨지기도 한 것이다. 메롤라Jérôme Merolla[7)]는 흑인들이 사냥하면서 미개인 남녀를 사로잡기도 했다고 말하는데, 그 미개인은 아마도 이 동물을 가리키는 것으로 여겨진다.

《여행기》 제3권은 이처럼 인간의 모습을 한 동물에 대해 베고Beg-gos와 망드릴Mandrills이라는 이름으로 이야기하고 있다. 그러나 이전 보고와의 관계에서 보면, 괴물에 대한 묘사에서 인류와의 현저한 일치점이 발견되며, 그 차이점은 인간과 인간 사이에서 나타나는 차이점에 비해 오히려 근소하다는 사실이 밝혀진다. 이 글에서는 저자들이 문제의 동물을 미개인이라고 부르지 않으려 했던 이유들이 눈에 띄지 않는다. 하지만 그 동물이 말을 못했기 때문이라는 것을 쉽게 짐작할 수 있다. 발성 기관이 인간에게는 자연스러운 것이라 하더라도 말 자체는 인간에게 자연스러운 것이 아니라는 사실을 알고 있는 사람들이나, 인간의 개선 능력perfectibilité(완성 가능성)이 문명인을 그 원시 상태에서 어디까지 더 높일 수 있는지를 알고 있는 사람들에게 이는 빈약한 사유가 될 뿐이다. 그와 같은 묘사를 담고 있는 글이 적은 것으로 보아 우리는 이 동물에 대한 그들의 관찰이 얼마나 엉성했으며 그들이 얼마나 많은 편견을 가지고 있었는가를 알 수 있다. 예를 들어, 그들은 이 동물들을 괴물로 간주하지만 아기를 낳는 것은 인정하고 있다. 바텔은 퐁고가 숲속을 지나는 흑인을 잡아 죽였다는 이야기에 한 대목을 할애했다. 퍼처스는 퐁고가 흑인을 습격할지라도 흑인이 그들을 노려보지 않는 한 전혀 흑인을 해치지 않는다고 했다. 퐁고들은 흑인들이 사라지면 그들이 피워놓은 모닥불 주위에 모여 있다가 불이 사그라지면 그곳을 떠난다는 것이다. 이것은 분명 사실이다. 이에 대해 관찰자는 다음과 같이 해설한다. "그들은 매우 영리하지만 그 모닥불에 나무를 더 집어넣고 불을 계속 지필 수 있는 사고력은 없다." 바텔이나 그 편집자 퍼처스가 퐁고가 물러나는 것은 그들의 의지 때문이 아니라 그들이 어리석기 때문이라는 점을 어떻게 알 수 있었는지에 대해 나는 추측해보고자 한다. 로앙고와 같은 기후에서는 불은 동물들에게 그다지 필요하지 않다. 흑인이 불을 지피는 것은 추위 때문이 아니라 야수들을 놀라게 하기 위해서다. 그러므로 퐁고가 잠시 불꽃을 즐기거나 충분히 몸을 데우고 나면 그 장소에 싫증을 느껴 먹이를 찾아 떠나는 것은 당연한 이치다. 그들이 식물을 섭취하는 데에는 동물을 먹는 것보다 많은 시간이 걸리기 때문이다. 그리고 인간도 예외는 아니다. 우리는 대부분의 동물이 본시 게을러서 꼭 필요한 상황이 아니라면 굳이 수고로운 일을 하려 들지 않는다는 것을 다 알고 있다. 그러므로 영리하고 힘이 세다는 평판을 얻고 있으며 죽은 놈을 매장하고 나뭇잎으로 지붕을 만들 줄도 아는 콩고가 나무를 불 속에 집어던질 줄 모른다는 것은 매우 이상한 일이다. 나는 퐁고가 하지 못한다는 이러한 행동을 한 원숭이가 능히 해내는 광경을 본 기억이 난다. 당시에는 내가 이 방면에 관심을 갖고 있지 않았기 때문에 원숭이들이 실제로 불을 보존하고 싶은 의향이 있었던 것인지 아니면 단지 내가 믿고 있는 것처럼 인간의 행위를 모방하는 데 그친 것인지를 유심히 살펴보지 못했다. 여하튼 원숭이가 인간의 변종이 아니라는 것은 분명하게 입증되었다. 원숭이에게 말하는 능력이 없을 뿐 아니라, 원숭이 종에게는 확실히 인류만이 갖고 있는 자기 개선 능력이 조금도 없기 때문이다. 그러나 이 실험[8]이 퐁고나 오랑우탄의 경우에도 같은 결론을 내릴 수 있을 만큼 충분한 주의를 기울여 실시된 것인지는 의문이다. 물론 오랑우탄이나 그 밖의 동물이 인류에 속해 있다면, 아무리 조잡한 관찰자라도 뚜렷한 근거에서 이를 확인할 방법이 있을 것이다. 그러나 이 실험을 위해서는 한 세대만으로는 불충분하다. 게다가 이 실험은 실행이 불가능하다고 보아야 할 것이다. 사실을 확인해야 하는 실험을 아무 선입견 없이 실시하기 전에, 단지 하나의 가정일 뿐인 것이 사실로 증명되어야 하기 때문이다.[9]

명확한 이성의 열매가 아닌 성급한 판단은 극단으로 가기 쉽다. 우리의 여행가들은 고대인들이 사티로스나 파우누스,[10] 실바누스[11]라는 이름 하에 신으로 간주한 존재들을 퐁고, 망드릴, 오랑우탄이라는 명칭으로 부르며 무작정 짐승 취급을 하고 있다. 아마 좀더 연구를 정확히 한다면 그것이 인간이라는 것[12]을 알게 될 것이다. 그때를 기다리면서 이들에 대해 잘 아는 선교사로서 현장을 목격한 적도 있는 순박하고 유능한 메롤라, 상인 바텔, 다페르, 퍼처스, 그밖의 다른 편집자들에게 접근할 이유가 충분히 있다고 생각한다.

이미 내가 앞에서 말했던 1694년에 발견된 어린이,[13] 즉 이성의 흔적이라고는 전혀 없고 손발로 기어다니며 말도 하지 못하고 인간의 목소리와는 전혀 다른 음성을 내는 아이를 이 관찰자들이 발견한다면 어떤 판단을 내릴까? 이 사실을 나에게 알려준 철학자의 말에 따르면 이 아이는 상당히 오랜 시일이 걸린 후에야 겨우 말을 할 수 있었으며 그나마 말을 많이 더듬었다고 한다. 아이가 말을 하게 되자 곧 사람들은 최초의 상태에 대해 물어보았다. 그러나 우리가 자기 요람 속에서 일어난 일을 기억하지 못하고 있는 것처럼 아이 역시 그때를 전혀 기억하지 못했다. 만일 불행하게도 이 아이가 우리 여행가들의 손에 붙잡혔더라면, 그들은 분명 아이가 말도 못하고 어리석다는 것을 알고는 숲속으로 돌려보내거나 가축 우리에 넣으려 했을 것이다. 또한 그들은 나중에 그 위대한 보고서들에서 그 아이를 가리켜 인간과 매우 비슷한 괴상한 짐승이라고 유식한 척하며 이야기했을 것이다.

유럽인들이 다른 대륙들을 넘나들며 새로운 여행기와 보고서를 끊임없이 발표하기 시작한 지도 삼, 사백 년이 넘었다. 그럼에도 인간에 대한 우리의 지식은 유럽인에 한정되어 있다. 모두들 인간에 대한 연구라는 그럴듯한 이름을 내걸고 있으나 학식이 있는 사람들조차 아직까지 편견을 버리지 못해 거의 자기 나라 사람들에 대한 연구밖에 하지 않는 듯하다. 사람들의 빈번한 왕래는 아무런 소용도 없으며 철학자는 조금도 여행하고 있지 않은 것 같다. 또한 각 민족의 철학은 다른 민족에게는 적합하지 못한 것으로 보인다.[14] 그 원인은 적어도 멀리 떨어져 있는 나라들의 경우에는 확연히 드러난다. 멀리 여행을 하는 여행자들은 우선 선원, 상인, 군인, 선교사라는 네 부류뿐이다. 이 경우 처음 세 부류의 사람들에게서는 결코 훌륭한 관찰을 기대할 수 없다. 그리고 네 번째 부류의 관찰자는 그들이 믿고 있는 숭고한 천직에 전념하고 있으므로 다른 모든 사람들처럼 직업상의 편견에 사로잡히지 않는다 하더라도 순수한 호기심에 속한다고 간주되는 연구, 게다가 그들이 계획하고 있는 중요한 일에서 많이 벗어나 보이는 연구에 자진해서 몰두하지는 않을 것이다. 뿐만 아니라 복음서의 가르침을 제대로 가르치는 데 필요한 것은 노력뿐이며 그 이상은 신이 부여하신다. 인간을 연구하기 위해서는 신이 누구에게도 주겠다고 약속하신 바 없으며 성자에게 주어진 것이라고도 할 수 없는 재능이 필요하다. 어떠한 여행기를 보더라도 거기에는 필히 [민족의] 성격이나 풍속들에 대한 기술이 있음을 곧 알 수 있다. 그러나 그토록 많은 내용을 기록한 사람들이 누구나 이미 알고 있는 것밖에는 말하지 않고 세계의 다른 쪽 끝에 가서도 자신이 머무는 거리에서 한 발짝도 나가지 않고 자기의 홍밋거리 외에는 알려고 하지 않는다는 것, 보기 위해 만들어진 눈이라면 강한 인상을 받게 마련인 진정한 특징, 여러 민족을 구별하게 해주는 특징을 거의 언제나 보지 못했다는 것에 놀라지 않을 수 없다. 여기로부터 사이비 철학자philosophesque[15]의 무리들이 그토록 되풀이해서 말해온, 인간은 어디에서나 마찬가지라는 저 잘난 교훈이 나왔다. 다시 말해 인간은 어디서나 같은 정념과 악덕을 가지고 있으므로 여러 민족의 특징을 구별하는 것은 쓸데없는 짓이라는 것이다. 이 말은, 피에르도 자크도 눈과 코와 귀와 입이 있으므로 우리는 그 둘을 구별할 수 없다고 말하는 것과 마찬가지다.

일반 사람들은 철학에 전혀 개의치 않지만 플라톤이나 탈레스나 피타고라스와 같은 철학자들은 알고자 하는 열망 속에서 학문을 위한 긴 여행을 계획하듯이 민족적 편견을 털어버리고 사람들을 그 유사점과 차이점에 따라 인식하고자 했던 행복한 시대, 한 세기나 한 국가에 국한된 것이 아니라 모든 시대와 장소에 속하는, 현자들의 공통된 지혜인 보편적인 지식을 손에 넣으려 애썼던 저 행복한 시대는 다시 오지 않을 것인가?

우리는 오두막을 스케치하거나 모사하기 위해 학자들이나 화가들을 동반하고서 막대한 비용을 들여 동양으로 여행하는 사람들이나 그들을 여행시키는 호기심 많은 이들에게 존경을 표한다. 그러나 왜 훌륭한 지식을 뽐내는 이 시대에 돈 많은 사람과 재능이 있는 사람이 잘 결합된 경우를 볼 수 없는지 이해하기 어렵다. 이 두 사람 모두 영광과 불멸을 원하여 한 사람은 자기 재산에서 이만 에퀴[16]를, 또 한 사람은 생애의 십 년을 바쳐 돌이나 초목이 아닌 인간과 인간의 풍습을 연구하기 위한 세계 일주를 했다고 하자. 그리하여 집을 측량하거나 시찰하는 일에 몇 세기를 소모한 뒤에야 겨우 그 집에 사는 사람들에 대해 알아보겠다는 생각이 일어나는 것이다.

유럽의 북부와 아메리카의 남부를 돌아다닌 아카데미 회원들은 철학자라기보다는 기하학자로서 그 지역을 방문할 목적이 있었다. 그러나 그들은 철학자인 동시에 기하학자였으므로, 라 콩다민Charles-Marie de La Condamine[17]이나 모페르튀[18] 같은 사람들이 묘사한 지역을 전혀 미지의 것으로 간주할 수는 없었다. 플라톤처럼 여행한 보석상인 샤르댕Jean Chardin[19]은 페르시아에 대해 아무것도 볼 만한 것을 남기지 않았다. 중국은 예수회 선교사들이 잘 관찰했다고 생각된다. 켐페르Engelbrecht Kaempfer[20]는 일본에서 목격한 약간의 것들에 대해 그런대로 상세하게 설명해준다. 이러한 것들을 별도로 치면, 우리는 머리보다는 돈주머니를 먼저 채우려 하는 유럽인들만이 왕래했던 동인도의 여러 민족에 대해서는 아는 것이 전혀 없다. 아프리카 전 지역과 그곳의 많은 주민들은 성격이나 피부색이 독특하므로 계속 연구해보아야 할 것이다. 지구 전체는 우리가 이름밖에 모르는 여러 국민들로 뒤덮여 있는데도 우리는 인류가 어떠하다는 평가를 곧잘 입에 올린다. 몽테스키외나 뷔퐁, 디드로, 뒤클로Charles Pinot Duclos, 달랑베르Jean Le Rond d'Alembert, 콩디야크Etienne Bonnot de Condillac, 그 외에 이와 비슷한 자질을 갖춘 사람들이 자국민들을 교화시키기 위해 여행을 한다고 치자. 그들이 할 수 있는 대로 터키나 이집트, 북아프리카의 르바리 지방, 모로코 제국과 기니, 동남 아프리카, 아프리카 내륙 및 동해안, 말라바르 지방과 무갈, 갠지스 강의 양쪽 기슭, 샴, 페구, 아바 등의 왕국, 중국과 타타르와 일본, 그리고 다른 반구에서는 멕시코와 페루와 칠레, 마젤란 해협을 관찰하고 기술한다고 치자. 진짜 또는 가짜 파타고니아, 아르헨티나, 파라과이도 빼놓지 않고, 가능하면 브라질과 카리브와 플로리다, 그 밖의 모든 미개 지역을 대상으로 해서 말이다. 그것은 모든 여행 가운데서도 가장 중요하며 가장 조심스럽게 다녀야 하는 여행이 될 것이다. 이 새로운 헤라클레스들이 이 기념비적인 여행에서 돌아온 뒤 자기들이 본 자연과 도덕과 정치의 역사를 쓴다고 가정해보자. 이렇게 되면 우리는 그들의 펜을 통해 새로운 세계를 보고 우리 세계의 진면목을 보게 될 것이다. 그 같은 관찰자들이 어떤 것은 인간이라고 어떤 것은 짐승이라고 부른다면 그것은 믿어도 될 것이다. 그러나 그 점과 관련해 자질도 없는 여행자들을 믿어버리는 일은 너무 순진한 태도다. 우리는 종종 그 여행자들이 다른 동물에 관해 해결하고자 하는 의문과 똑같은 의문을 그들에게 던지고 싶어진다.

1) (옮긴이주) 기원전 4세기경의 그리스의 역사가.

2) (옮긴이주) 에티오피아 남단에 있는 왕국.

3) (옮긴이주) 영국의 여행가(1565?~1640?).

4) (옮긴이주) 여행과 발견에 관한 글을 수집한 영국의 편집자(?1575~1626).

5) (옮긴이주) 네덜란드의 의사이자 지리학자(?~1690).

6) (옮긴이주) 그리스 신화에 나오는 괴물. 몸의 반쪽이 짐승 모양이었다고 전해지는 신이다.

7) (옮긴이주) 이탈리아의 선교사로 1682년에 《콩고 여행기 *Breve e succincta relazione del viaggio nel regno del Congo*》를 썼다.

8) (옮긴이주) 다른 종 간의 교미, 즉 잡교를 말한다.

9) (옮긴이주) 두 동물은 같은 종으로, 뷔퐁과 루소는 그들의 번식에 의해 생산된 개체들은 풍요로울 것이라 여겼다.

10) (옮긴이주) 사티로스에 해당하는 로마의 신이다. 실바누스나 파우누스는 로마 신들이며 성격은 판Pan과 그다지 다르지 않다. 따라서 이름만 다를 뿐 동일한 신이라고 보아도 무방할 듯하다.

11) (옮긴이주) 로마 신화에 나오는 산야山野, 가축 떼의 신이다. 그

리스 신화의 판에 해당한다.

12) 〔1782년판〕 짐승도 신도 아닌 인간이라는 것.

13) (옮긴이주) 리투아니아의 숲속에서 곰들과 함께 살고 있다가 발견된 아이를 말한다.

14) (옮긴이주) 루소는 《에밀》, 제5부 마지막 부분의 〈여행에 관하여 Des voyages〉에서 이 문제를 다시 언급하고 있다.

15) (옮긴이주) 이 말은 루소가 만든 것이다.

16) (옮긴이주) 옛 금화.

17) (옮긴이주) 프랑스의 수학자이자 여행가(1701~1774).

18) (옮긴이주) 프랑스의 철학자이자 수학자(1698~1759).

19) (옮긴이주) 프랑스의 여행가(1643~1713).

20) (옮긴이주) 독일의 의학자이자 식물학자(1651~1716).

74 (옮긴이주) "동물은 우리가 가지고 있는 중요한 이점을 가지고 있지 않다. 그러나 우리가 가지고 있지 않은 이점을 가지고 있다. 그들은 우리가 가지고 있는 희망을 갖고 있지 않지만 우리가 가지고 있는 공포도 가지고 있지 않다. 그들은 우리와 마찬가지로 죽음을 면할 수 없으되 그것을 모르고 있다. 그들 대부분은 우리보다 자기를 더 잘 보존하고 그 정념을 우리처럼 악용하는 일이 없다"(몽테스키외, 《법의 정신》, 제1부 제1편 제1장).

75 (옮긴이주) 풍토와 인간 정신의 관계에 대한 기술에서는, 몽테스키외의 영향이 강하게 느껴진다(《법의 정신》, 제1부 제18편 제4장을 참조하라). 루소는 언어의 발생에서 남방과 북방의 민족의 차이를 《언어 기원에 관한 시론 Essai sur l'origine des langues》 속에서 논하고 있다(제9~10장). 《사회계약론》, 제3부 제8장에서는 풍토와 정체의 관계를 말하고 있다.

76 (옮긴이주) 루소의 이러한 견해는 《에밀》에서 자세히 묘사되고 있

다. "모든 쾌락의 관념은 그것을 누리고자 하는 욕망에서 분리될 수 없다. 그리고 모든 욕망은 궁핍에서 비롯되며 모든 궁핍은 고통을 수반한다. 그러므로 우리의 불행은 바로 욕망과 능력의 불균형에서 오는 것이다. 감수성 있는 인간으로서 만약에 그 욕망과 동등한 상 태의 능력을 지닌 사람이 있다면 그 사람이야말로 절대적으로 행복 한 사람이다"(《에밀》,《루소 전집》4권, 303~304쪽을 참조하라). 미 개인은 오로지 현재에 자족하며 살고 있으므로 진보를 원하고 자식 을 늘리려는 욕구를 갖지 않는다. 앞을 내다보는 힘은 오히려 나쁜 욕망과 상상력을 증대시키는 위험한 힘으로 작용한다.《에밀》의 아 이들에게도 이 능력의 작용은 마찬가지다. "선견지명, 계속 우리를 우리 밖으로 끌어내어, 가끔 우리가 도달할 수 없는 곳에 두는 선견 지명, 이것이 모든 불행의 참된 원천이다." 이러한 생각은《에밀》, 제2부에서 부연된다.

77 (옮긴이주) 루소는 여기서 토지의 분배나 사유제가 없었더라면 농 업이 생겨나지 않았을 거라고 생각하고 있다. 그가 말하는 자연 상 태란 고립된 개인의 상태다.

78 (옮긴이주) 언어 기원의 문제는 18세기에 여러 사상가들이 연구했 다. 콩디야크, 디드로, 모페르튀, 튀르고Anne Robert Jacques Turgot 등 과 비교해보면 루소의 언어 이론은 대단히 독특한 것이다. 여기서 언어의 기원에 대한 루소의 몇 가지 가설이 나타나고 있다.《인간 불평등 기원론》의 주석으로 사용할 예정이었던 언어론은 훗날 시 간을 들여 완성되고 가필되어《언어 기원에 관한 시론》이 되고, 그 속에 그의 언어론은 더욱 완전한 형태로 나타나게 된다. 여기서 루 소가 전개하고 있는 이론의 자료는 콩디야크의《인간 인식의 기원 에 관한 시론Essai sur l'origine des connaissances humaines》이나 뒤보스 Jean-Baptiste, abbé Dubos의《시와 회화에 관한 비판적 성찰Réflexions

critiques sur la poésie et sur la peinture》 등에서 얻어지고 있다.

79 (옮긴이주) 프랑스의 계몽주의 철학자(1715~1780). 로크의 경험주
    의적 인식론을 연구하여 감각론의 대표자가 되었다. 저서로《인간
    인식의 기원에 관한 시론》,《감각론 *Traité des sensations*》 등이 있다.

80 (옮긴이주) 콩디야크는《인간 인식의 기원에 관한 시론》, 제2부에
    서 일종의 사회가 이미 세워져 있음을 가정하고 있다.

81 (옮긴이주) 루소는《언어 기원에 관한 시론》에서 다음과 같이 말하
    고 있다. "사람들은 인간이 자신의 욕구를 표현하기 위해 말을 발명
    했다고들 주장한다. 나는 이런 견해에 동의할 수 없다. 처음의 욕구
    가 자연스럽게 일으킨 효과는 사람들을 떼어놓는 것이었지 서로 접
    근시키는 것은 아니었다"〔《언어 기원에 관한 시론》(책세상, 2002),
    제2장〈말의 첫 발명은 욕구가 아닌 정념에서 왔다〉〕.

82 (옮긴이주) 루소는《에밀》, 제1부에서 이 타고난 외침을 의사소통
    의 기원으로 보고 있다. "인간의 최초의 상태가 궁핍과 연약함이듯
    인간의 최초의 목소리는 하소연과 울음이다. 어린이는 욕구를 느끼
    면서 그것을 채울 수가 없어 울음으로써 타인의 도움을 구한다……
    어린이의 울음 따위는 별로 주의할 만한 것이 못 된다고 생각할 테
    지만, 여기서 인간을 감싸는 모든 것들에 대한 인간의 최초의 관계
    가 생겨난다. 사회의 질서를 이루는 그 긴 사슬의 첫 고리가 여기서
    만들어지는 것이다"(《에밀》,《루소 전집》 4권, 286쪽을 참조하라). 이
    대목은《언어 기원에 관한 시론》 제1장의 내용과도 부합된다.《인
    간 인식의 기원에 관한 시론》에서 콩디야크는 인간은 원시 상태에
    서 담론적 언어를 갖고 있지 못했다고 보았고, 인간의 언어 능력은
    오랜 수련 기간을 거쳐 힘들게 노력한 결과 얻게 된 것이라고 생각
    했다. 그는 루소와 마찬가지로 인간의 최초 언어는 자연 속의 외침
    이었을 것이라고 보았다(《인간 인식의 기원에 관한 시론》 I, ii). 그러

나 그는 루소와 달리 이런 충동적인 외침 소리가 생각의 기본 기호를 구성한다고 생각했고, 덜 발달한 생각의 흐름을 나타낸다고 보았다. 그리고 아주 오래된 원시 시대에서도 인간이 임의로 사용한 언어 기호가 언어 이외의 어떤 것을 지시한다고 보았다.

83 (옮긴이주) 몸짓의 언어적 기능은 콩디야크의《인간 인식의 기원에 관한 시론》, 디드로의《농아자에 관한 편지 *Lettre sur les sourds et muets*》등에서도 일종의 자연어, 행동어로 주목되고 있다.

84 (옮긴이주) 여기서 절이란 주어와 서술어를 갖춘 하나의 온전한 문장이 더 큰 문장의 한 성분의 구실을 하는 것을 이른다. '철수가 일 등을 했음이 밝혀졌다'라는 문장에서 '철수가 일 등을 했음이'가 바로 절이다.

85 〔1782년판〕 왜냐하면 두 개의 사물에서 비롯되는 최초의 관념은 양자가 동일한 것이 아니기 때문이다. 그리고 양자의 공통점을 관찰하려면 많은 시간이 필요하게 된다.

86 (옮긴이주) 콩디야크는 충동적인 외침 소리가 생각의 기본 기호를 구성한다고 생각했고, 덜 발달한 생각의 흐름을 나타낸다고 보았다. 그리고 아주 오래된 원시 시대에서도 인간이 임의로 사용한 언어 기호가 언어 이외의 어떤 것을 지시한다고 보았다. 루소는《인간 불평등 기원론》에서 콩디야크의 이런 주장을 문제시한다. 원시 상태에서 인간은 언어 없이는 사회를 형성하지 못하는 것처럼 언어 없이는 구체적인 생각을 떠올리지 못했을 것이다(《루소 전집》 3권, 147쪽을 참조하라). 원시적 언어 기호—비록 조잡하다고 할지라도—에 내포된 유적類的 의미를 파악하기 위해서 미개인들은 자연사와 형이상학을 이해해야만 했을 것이다. 왜냐하면 언어는 그저 생각이나 이미지만을 나타내는 것이 아니라 생각과 이미지의 본질 부분을 분절하고 형태화하기 때문이다.

87　(옮긴이주) 《언어 기원에 관한 시론》, 제1장에서도 비슷한 생각을 발견할 수 있다. "우리의 생각들을 주고받는 기술의 발명은 의사 소통에 쓰이는 이러한 감각 기관에 의존한다기보다는 인간만이 가진 특별한 능력에 좌우되는 것으로 보인다……관습 언어는 인간에게만 고유한 것이다. 보다시피 왜 인간은 좋게든 나쁘게든 진보하며, 동물은 왜 그렇지 못한지 그 이유가 여기에 있다"(장자크 루소, 《언어 기원에 관한 시론》, 23~24쪽을 참조하라).

88　(옮긴이주) 그리스어 동사 시제로서, 명확한 시점을 밝히지 않는 과거를 뜻한다.

89　(옮긴이주) 소사particule는 접사, 전치사, 접속사, 부정의 부사 등을 말한다.

90　(옮긴이주) 볼테르는 이 '순전히 인간적인 수단moyens purement humains'에 밑줄을 치고, 줄 밖에 '가엾은pitoyable'이라고 적어놓았다.

91　(옮긴이주) 사회가 만들어지기 위해서 언어가 존재하는 것이 필요한지 또는 언어가 발생하기 위해서 사회가 만들어지는 것이 필요한지를 묻는 질문이다. '고독한 미개인'을 가설로 한 루소에게 언어의 기원은 해결할 수 없는 문제로 남는다. 언어는 언어 이전에 이미 존재한 사회의 도움이 없으면 생겨나지 못한다. 언어의 형태를 잡아주고 단어에 공통의 의미를 부여하는 것이 사회다. 따라서 루소는 사회가 언어를 필요로 하는 것 못지않게 언어도 사회를 필요로 한다고 결론짓는다(이런 결론은 콩디야크의 언어철학과 관련하여 언어의 기원을 탐구하던 루소의 문장 속에서 나온다). 루소는 어느 것이 먼저인지 알 수 없다고 말한다.

92　(옮긴이주) 루소는 《에밀》 제1부에서도 사람들이 아이들에게 말을 시키려고 너무 서두른다고 말하고 있다.

93　(옮긴이주) 《에밀》 제2부의 다음 대목을 참조하라. "반대로 인간이

그 자연의 상태에 가깝게 있으면 있을수록 능력과 욕망의 차이는
점점 더 적어지고, 따라서 행복으로부터 그만큼 덜 멀어지게 된다.
모든 것을 잃어버린 것처럼 보인다고 해서 그때가 가장 불행한 것
은 아니다. 왜냐하면 불행이란 사물의 결핍 상태에서 오는 것이 아
니라, 결핍감을 느끼게 하는 욕구에서 오는 것이기 때문이다"(《에
밀》,《루소 전집》4권, 304쪽).

94 (옮긴이주) 자연인은 다른 사람들을 사귈 필요도 없고 남을 해치려
는 마음도 없었을 것이다. 따라서 자연인의 나약함이 두려움이 되
고 그의 강인함이 타인에게 위협이 되는 것은 사회 제도가 성립되
면서부터일 것이다. 반면 고정적인 인간 관계들이 정착된 사회 내
에서 개인들 사이에 발생하는 불평등은 복종과 명령이라는 공식 채
널을 통하여 개인들을 영구적으로 구속한다. 그런데 홉스, 푸펜도
르프, 로크, 이 세 사상가는 자연의 상태를 완전히 오해함으로써 그
상태에 있는 모든 개인들이 동일한 힘을 갖는다고 잘못 판단했다.
세 사상가는 이런 평등의 결과로 모든 사람이 이웃을 두려워하게
되었고 사람들 사이에서 안전하게 살아갈 수 없다는 생각을 가지게
되었다고 보았다.

95 (옮긴이주) 자연 상태의 인간은 깊이 생각하지 않는 존재이기 때문
에 선악의 개념에서 벗어나 있다. 인간이 천성적으로 악해서 사회
적 질서가 확립되기 전까지는 상호간 항구적 전쟁 상태에 놓여 있
었다는 홉스의 성악설에 루소는 정면으로 반대한다. 루소가 생각하
는 자연인은 선악 개념, 미덕과 악덕의 개념 이전에 있기 때문에 악
하지 않으며, 악해야 할 이유가 없다.

96 (옮긴이주) 홉스가 자연인을 비유하여 사용한 유명한 말이다. 루소
에 따르면 약한 육체는 정신력도 약화시키고 인간은 성장함에 따라
육체와 정신의 균형을 얻을 수 있으며 육체의 힘이 정신의 요구에

따를 때 가장 바람직하다고 한다. 루소는 홉스를 다음과 같이 반박하고 있다. "홉스는 악인을 튼튼한 아이라고 불렀는데, 이는 완전히 모순된 얘기다. 모든 악은 약한 데서 오는 것이다. 어린애가 악하다면 그것은 그가 약하기 때문이다. 그를 튼튼하게 만들어라. 그러면 선하게 될 것이다. 무엇이나 다 할 수 있는 자는 결코 악한 짓을 하지 않을 것이다"(《에밀》, 《루소 전집》 4권, 288쪽).

97 (옮긴이주) 유스티누스Justinus의 《역사Historiae》 제2권, 제2장에 나오는 문구다. "Tanto plus in illis proficit victorum ignoration, quam in his cognito virtutis."

98 (저자주) 이기심과 자기애를 혼동해서는 안 된다. 이 두 정념은 그 성질로 보나 효용성으로 보나 크게 다르다.[1] 자기애는 일종의 자연스러운 감정으로, 모든 동물로 하여금 자기 보존에 관심을 갖게 한다. 인간의 경우에는 자기애가 이성에 따라 인도되고 동정심에 따라 변용되면서 인간애와 미덕을 낳는다. 그에 반해 이기심은 사회 안에서 생기는 상대적이고 인위적인 감정에 지나지 않는다. 그것은 각 개인이 자기를 누구보다도 우선시하며 사람들이 서로간에 행하는 모든 악을 일깨우는 동시에 명예의 진정한 원천이 되기도 한다. 이러한 점을 잘 이해하면 우리의 원시 상태로서의 참된 자연 상태에는 이기심이 없다고 말할 수 있을 것이다. 개인으로서 인간은 누구나 자기 자신을 유일한 관찰자로, 우주에서 그에게 관심을 가진 유일한 자로, 그리고 자기 자신의 가치에 대한 유일한 재판관으로 간주한다. 따라서 자기의 힘이 닿지 않는 비교라는 것에서 나오는 감정이 싹틀 이유가 없는 것이다. 똑같은 이유로 그러한 인간은 증오도 복수심도 알지 못한다. 증오나 복수심은 어떤 모욕을 당했다는 생각에서만 우러나올 수 있는 관념이기 때문이다. 그리고 모욕을 일으키는 것은 경멸이나 위해를 가하려는 의도이지 죄악이 아니

다. 따라서 서로 평가하고 비교할 줄 모르는 사람들은 그것이 자기들에게 어떤 이득을 가져다준다 해도 서로 모욕은 주지 않으면서 폭력만 행사할 수 있다. 한마디로 개인은 동료 인간들을 다른 동물 정도로 볼 뿐이며 그 먹이를 빼앗고 자기의 먹이를 양보하는 일을 자연스럽게 생각한다. 그러므로 일말의 교만이나 경멸감도 없이 성공을 기뻐하고 실패를 슬퍼할 뿐 아무런 정념이 없다.

　　1) 이러한 구별은 루소의《에밀》에서 다시 언급되고, 자서전적인 대화록《루소, 장자크를 심판하다*Rousseau juge de Jean-Jacques*》에서 명확히 제시된다. 이기심은 그것이 남과의 비교에 관여하는 한 좋지 않은 것이다.

99　(옮긴이주) 루소가 말하고 있는 미개인은 사회의 산물인 이성에 선행하는 두 가지 감정만을 가지고 있다. 하나는 생존의 본능인 자기애이며, 다른 하나는 동물에게서도 관찰할 수 있는 것으로 타자가 고통받는 모습을 보기 싫어하는 선천적 감정인 연민이다. 자기애가 개체의 보존을 확보해주는 것이라면, 연민은 종의 보존을 지켜주는 일종의 규범으로 작용한다.

100　(옮긴이주) 바로 뒤에 나오는 맨더빌을 가리킨다. 다음의 주를 참조하라.

101　(옮긴이주) 맨더빌Bernard Mandeville. 네덜란드 태생의 영국 의사이자 사상가이다(1670~1733).《꿀벌의 우화》를 발표하여, 자유로운 인간의 이기적인 활동이 공공의 복지를 증진한다는 자유주의적 경제 사상을 주장했다.

102　(옮긴이주) 루소는 여기에서《꿀벌의 우화》제2권의 〈자비와 자비의 원천에 대한 시론〉에 나오는 이야기를 요약하고 있다.

103　〔1782년판〕 그런 인간은 자기가 초래하지 않은 불행에 대해서는 매우 동정적이었던 저 잔인한 술라Lucius Cornelius Sulla(로마의 장군

이자 독재적인 정치가이다. 이따금 전공을 세웠으나, 마리우스 시대까지의 민주적 제도를 제한하여 독재 정치를 폈다. 루소가 말하는 술라의 동정은 플루타르코스의《영웅전》, 제30장 술라의 생애 속에서 다루어지고 있다―옮긴이주)와 비슷하며, 또한 자기가 날마다 희생시킨 많은 시민들의 울음소리는 태연히 귓전으로 흘리면서, 무대의 안드로마코스나 프리아모스에게 동정하여 눈물 흘리는 모습을 들킬까 염려하여 어떤 비극 공연에도 참석할 용기를 내지 못했던 저 펠로스의 알렉산드로스(기원전 369~358년 왕위에 있었던 그리스의 참주로서, 적을 산 채로 매장하거나 짐승의 먹이가 되게 했다. 몽테뉴의《수상록》제2권, 제27장 참조―옮긴이주)와도 비슷하다. "깊고 상냥한 마음이야말로 인류가 자연에게서 물려받은 선물이다. 자연은 그 증거로 눈물을 주었다"(유베날리스Decinus Junius Juvenalis,《풍자Satire》제15권, 131~133행―옮긴이주).

104 (옮긴이주) 루소는 철학자를 풍자한 이 문장들이 디드로의 영향을 받았다고《고백》제8권에서 말하고 있다.

105 (옮긴이주)《신약성서》,〈마태복음〉7장 12절과〈누가복음〉, 6장 31절을 참조하라.

106 (옮긴이주) 이 대목은 홉스의 자연인의 전쟁 상태에 대한 반론으로 볼 수 있다. 볼테르는 줄 밖에 다음과 같은 주석을 달았다. "아무리 바보라 해도, 북미 사람들이 전쟁으로 서로 몰살한 사실도 알지 못하는가?"

107 (옮긴이주) 루소의 여성관이 소극적임을 알 수 있는 대목이다. 그는 여성의 사회적 역할을 가정에 한정시키며, 여성의 특질을 주지적主知的인 측면이 아닌 정서적인 측면에서만 인정하고 있다.

108 〔1782년판〕 혐오dégoût.

109 (옮긴이주) 몽테뉴,《수상록》, 제1부 제1편 제31장〈식인종에 대하

여 Des cannibales〉를 참조하라.

110 (옮긴이주) 루소는 여기서 18세기 귀족 사회의 부패를 비판하고 있다.

111 (옮긴이주) 사회적 불평등은 소유권(사유 재산제도)과 밀접한 관계
가 있다는 루소 사상의 중요성이 여기 나타나 있다.《인간 불평등
기원론》, 제2부의 첫 페이지를 참조하라.

112 (옮긴이주) 자연 상태의 인간은 속박에서 전적으로 자유로운 존재
였다. 강자의 법칙이 적용될 수 없는 자연 상태의 인간은 불평등의
악에서 완전히 해방된 존재였다. 이처럼 자유롭고 평등한 존재였던
인간이 어떻게 해서 그 행복했던 상태를 상실하게 되었는가?《인간
불평등 기원론》, 제1부가 자연인의 행복을 기술한다면, 제2부는 인
간의 행복의 상실을 설명한다.

113 (옮긴이주) 인간의 사회성을 형성하는 모든 요소, 이성, 도덕, 그리
고 사회적 불평등을 포함하여 사회 조직 그 자체의 탄생은 역사의
필연적인 발전이 아니고 인간에게 은혜를 뜻하는 것도 아니다. 뜻
밖의 상황의 장애에서 오는 우연적인 원인에 의한 일이 여기서도
강조되고 있다.

114 (옮긴이주) 이 대목이 바로 이 논문의 약점이다. 그는 고독한 미개
인이 사회적인 존재로 변한 원인을 단지 우연이나 우연적인 원인으
로 돌리고 있다.

115 (옮긴이주) 루소는 모든 불평과 악의 원천이 불평등이므로 불평등
의 기원을 검토해야만 악의 진정한 기원을 논증할 수 있다고 생각
했다. 사회적 불평등의 기원이 소유에 있음을 암시한 루소의 이 유
명한 대목을 읽으며 볼테르는 책의 여백에 "이것은 부자들이 가난
한 자들에게 약탈당하는 것을 보고 싶어 하는 거지의 철학이다"라
고 썼다. 사회학자 아르놀트 하우저Arnold Hauser는 루소가 볼테르
와 "교양 있는 상류층의 모든 사람들에게 바보이자 협잡꾼일 뿐 아

니라 위험한 모험가이자 범죄자"로 비쳤다는 사실을 지적한다. 하우저가 단언하듯이 루소와 그의 적대자들 사이에는 "단지 견해의 차이뿐 아니라 중대한 계급적 갈등"이 존재했다〔아르놀트 하우저, 《문학과 예술의 사회사》, 백낙청 외 옮김(창작과비평사, 1999), 102쪽〕.

116 (옮긴이주) 루소는《사회계약론》, 제1부 제6장에서 장애물을 만나는 것에 대해 다음과 같이 이야기한다. "나는, 자연 상태에서 인간의 생존에 해로운 장애물들이 그 강력한 저항력으로 각 개인이 그 상태에서 자신을 유지하기 위해 사용할 수 있는 힘을 능가해버린, 그런 시점에 사람들이 이르렀다고 가정해본다. 그렇게 되면 원시 상태는 더 이상 존속할 수 없고 인류는 존재 양식을 바꾸지 않으면 멸망하고 말 것이다."

117 (옮긴이주) 원시적 보편어의 문제는 17, 18세기에 라이프니츠를 비롯하여 학자들의 관심을 끌었다. 루소는 원시 상태의 특징을 고립과 산재散在로 인정하고 있었으므로, 언어의 다양성을 설명하기 위한 보편어의 문제는 필연적인 것이 아니었다.《언어 기원에 관한 시론》에서 볼 수 있는 남방어나 북방어의 경우처럼 그에게는 오히려 개별적인 언어의 차이가 문제가 되었다.

118 (옮긴이주) 루소는 여기서 언어의 문제로 되돌아온다. 자연법 이론가들에 따르면 이 질문이 집단 생활의 가능성과 관련을 가지기 때문이다.

119 (옮긴이주) 이 무렵의 원시인의 기술을 말하기 위해 루소는 뒤 테르트르Du Tertre 신부의 카리브 지역 인디언에 관한 여행기인《성 크리스토프의 섬에 관한 일반사Histoire générale des isles de Saint Christophe》에서 자료를 얻고 있는 듯하다.

120 (옮긴이주) 이런 사유 재산 개념을 후대의 프리드리히 엥겔스Frie-

drich Engels는《가족, 사유 재산, 국가의 기원*Der Ursprung der Familie, des Privateigentums und des Staats*》에서 자세히 추적한 바 있다.

121 (옮긴이주) 불어나는 욕구들의 고약한 결과에 대해서 루소는《에밀》의 거의 대부분을 할애한다. 루소가 품었던 이러한 생각의 주된 출처의 하나는 플라톤의《국가》다.

122 (옮긴이주) 루소는 뷔퐁의 지리학 이론을 신봉하고 있었는데, 여기에 그 흔적이 잘 나타나 있다. 뷔퐁의《박물지》, 제2권.〈지각 이론 *Théorie de la terre*〉, 457쪽을 참조하라.

123 (옮긴이주)《언어 기원에 관한 시론》, 제9장에서 비슷한 생각을 엿볼 수 있다. "인간 사회는 대부분 자연 재해의 작품이다. 대홍수, 해일, 화산 분출, 대지진, 번개로 인한 산불 등은 어떤 한 지역의 미개인들을 두렵게 하여 흩어지게 만들었는데, 훗날 그것들이 다시 공동의 손실을 공동의 힘으로 복원하려는 미개인들을 결집시켰다"(장자크 루소,《언어 기원에 관한 시론》, 77쪽을 참조하라).

124 (옮긴이주) 원시적인 축제에 관해서는《언어 기원에 관한 시론》제9장에 보다 상세히 기술되어 있다. "시간의 정복자들인 격렬한 젊은 이들은 오래된 떡갈나무 아래에서 점차 그들의 잔인성을 잃어갔으며, 서로에게 조금씩 익숙해져갔다. 자신을 이해시키기 위해 노력함으로써 사람들은 자신의 의견을 설명하는 법을 배웠다. 그곳에서 최초의 축제가 열렸으며, 발은 기뻐 날뛰었다. 열성적인 제스처만으로는 충분하지 않았기에 열광적인 악센트와 목소리가 뒤따랐다. 쾌락과 욕망이 뒤섞여 그들은 그것을 함께 느끼게 되었다. 마침내 그곳은 주민들의 진정한 요람이 되었으며, 수정처럼 맑은 샘물에서 최초의 사랑의 불꽃이 피어났던 것이다"(장자크 루소,《언어 기원에 관한 시론》, 82~83쪽을 참조하라).

125 (옮긴이주) 인간은 이제 타인들에게 인식되고, 가장 강한 사람 또는

가장 아름다운 사람으로 비치기를 바라게 되었다. 이로써 그의 존재는 상대화되고 타인들의 시선에 의해 정의되기에 이른다. 이것이 불평등을 향한 첫걸음이 된다. 루소 연구가인 스타로뱅스키Jean Starobinski는 이러한 원시적인 축제가 본래의 동질성을 해체시키고 개개인이 서로 비교하고 남들로부터 존경받고자 하는 욕망을 불어 넣었다고 주장한다.

126 (옮긴이주) 루소는 '선한 미개인'의 신화를 믿기보다는 여행가들이 묘사한 원시 사회에 가까운 이 세계의 청년기에도 인간은 서로 "피를 흘리게 하고 잔인했다"고 생각했다.

127 (옮긴이주) 로크의《인간 지성에 관한 시론Essai philosophique concernant l'entendement humain》, 제4편 제3장 제18절을 참조하라. "이러한 종류의 소유는 어떠한 법적인 조치도 없는 단순한 소유일 뿐이다."

128 (옮긴이주) 루소가 "세계의 진정한 청춘기"라고 부르는 이 시기는 대체로 오늘날 구석기 시대라고 명명하는 시기에 상응하는 것으로 보인다. 인간의 원초적 자연 상태가 하나의 가정에 불과한 데 반해, 이 시기는 여행기들이 묘사하는 원시인들의 생활상과 일치하기 때문에 구체적인 실재성을 갖는다. 루소는 역사가 이 단계에 머물렀더라면 인류가 향후의 수많은 비참을 겪지 않았을 텐데 인류는 허망한 행복을 좇느라 이 황금기를 떠나버렸다고 말한다.

129 (옮긴이주) "이 정상의 시기 이후에 곡선은 하향하게 되고, 야금술과 농업의 발견은 노동의 분업과 자신의 생산물, 즉 사유 재산의 축적을 가져오며, 그 결과 불평등과 위선이 발전하게 된다(《루소 전집》 3권, 171~176쪽을 참조하라). 계속되는 무질서 앞에서 사람들은 사회 계약의 힘을 빌리게 되는데, 바로 그 사회 계약의 결과로 정부는 점진적으로 타락하게 되며 결국 사회 계약이 존재하기 이전과 유사한 상태에 이르게 된다(《루소 전집》 3권, 176~191쪽을 참조하

라). 흥미롭게도 이 마지막 시기(현재의 시기)는 기원으로의 회귀라
는 순환적 모델 위에 건립되어 있다. 하지만 그것은 말할 나위 없이
끔찍한 악순환이다"(필립 르죈,《자서전의 규약》, 228쪽을 참조하라).

130 (옮긴이주) 여기서 말하는 '시인'이란 인류 역사의 황금의 세기 혹
은 황금기 이후 인간성의 변질에 대한 신화적 이야기를 쓴 사람을
말한다. 우리는 여기에서 헤시오도스Hesiodos가《노동과 나날》에
서 제시하여 고대에 널리 퍼진 네 가지 시기의 신화를 만난다. 좀더
알려진 것은 오비디우스Publius Ovidius Naso가《변신 이야기》제1권
에 제시한 네 시기의 신화다. "고대의 시인들은 이 세계의 나이를
네 시기로 나누었다. 첫째, 사투르누스가 다스리던 황금 시대는 순
수와 행복의 시대였고, 노동하지 않고도 얻어지는 풍요, 이상적 정
의, 평화와 평등의 시대였다. 이때에는 영원히 봄이 계속되어 지상
이 쾌락으로 넘쳤으며, 그 이름은 모든 민족의 언어에 시적인 은유
로 남아 있다. 둘째, 주피터가 다스리던 은 시대는 순수와 행복의 상
태가 황금 시대보다 떨어진다. 셋째, 청동기에는 부정不正이 지상에
자리 잡기 시작하며, 평등은 사라진다. 번영이 자리 잡고, 그와 함께
약탈과 전쟁이 시작된다. 넷째, 철기에 이르러 자연은 인간에게 선
물을 주지 않으려 하며, 온갖 악덕과 죄악이 지상을 침범한다. 정의
의 여신인 아스트라이아는 하늘에 숨어버린다. 우리는 바로 이 시
기를 살아가고 있다"(피에르 라루스Pierre Larousse,《19세기 대백과사
전Grand Dictionnaire universel du XIXe siècle》, Paris, 1864~1876).

131 (옮긴이주) 루소의 유명한 말이다. 금과 은이란, 야금술과 사유제와
사회에서 탄생하며 사회의 폐해를 상징한다. 한편 디드로는《백과
전서》의 '농업' 항목에서, 농업이 소유권의 기원과 일치한다고 주장
했다.

132 (옮긴이주) 소유〔사유〕의 기원을 원시 공동체에서부터 설명하는 고

전적 이론은 두 가지가 있다. 푸펜도르프는 소유가 분배 계약에 기반하고 있다고 했다. 이와 반대로 로크는 소유가 노동에서 나오는 것이지, 계약에서 나오는 것은 아니라고 했다. 루소는 로크에서 영향을 받았으나, 노동을 소유를 위한 단순한 행위로 본 로크와는 달리 노동을 산업이나 물질 대상의 전환과 같은 근대적 의미로 받아들였다.

133 (옮긴이주) 그리스 신화에 나오는 데메테르의 로마식 이름이다. 농업과 법률의 여신이다.

134 (옮긴이주) 그리스어로 '입법자의 축제'를 의미한다. 테스모포리아는 농업과 결혼을 관장하는 그리스의 여신 데메테르를 기념하는 축제다. 그녀는 시민 사회와 법률 사회의 기원에 자리 잡고 있으며 입법자라고 불리기도 했다.

135 (옮긴이주) 복잡한 관계로 인해 생겨난 불평등, 특히 경제적 교환으로 인해 생겨난 불평등을 말한다.

136 (옮긴이주) 루소가 그의 대부분의 저작 속에서 전개한 사회 비판의 중요한 논점이 여기에 명확히 나타나 있다. 있는 일, 즉 실체être와 보이는 일, 즉 외관paraître과의 불일치, 언행의 불일치가 사회적 억압과 불평등의 조건이라는 것이다.

137 (옮긴이주) 루소는 홉스가 자연 상태에 설정했던 만인의 만인에 대한 투쟁을 이 단계에서 본다. 인간이 홀로 떠돌며 평화로운 삶을 영위하는 자연 상태를 묘사하기 위해 홉스를 반박했던 루소는 여기서 홉스의 생각과 합류하는 것이다. 공동의 재산이던 땅을 맨 처음 정당한 근거도 없이 그렇게 차지하고 경계를 설정한다면 당연히 투쟁의 원인이 될 것이다. 평등이 깨어진 직후의 상황은 끔찍스러운 무질서이다.

138 (옮긴이주) 오비디우스,《변신 이야기》제11권, 제5장 127행을 참조

하라.

139 (옮긴이주) 이것이 사회 계약을 암시하는 것이 아님은 말할 나위도
없다. 이것은 단지 부자에게 편리한 불평등을 고정화하기 위한 '협
약'을 뜻하는 데 불과하다.

140 (옮긴이주) 기원전 5세기의 시라쿠사의 참주 디오니소스 1세가 영광
속에서도 위험이 따름을 가르치기 위해 다모클레스가 머리 위에 실
〔말총〕로 단검을 늘어뜨리게 한 고사를 가리킨다. 루소는 여기에서
국가의 강제적 권력, 즉 경찰을 가리키기 위해 이 표현을 사용했다.

141 (옮긴이주) 여기서는 실정법을 의미한다.

142 (옮긴이주) 이 '약자의 단결l'union des faibles'이란 말은 달랑베르에게
서 유래한다〔〈백과사전의 머리말Discours préliminaire de l'Encyclopédie〉
(Paris, 1751), III쪽〕. 루소의《사회계약론》제1편의 2, 3, 4장을 참조
하라.

143 (옮긴이주) 고대 스파르타의 전설적인 입법자이다. 스파르타의 국
제國制와 생활 규범을 정했다고 한다. 실제 인물이 아니라는 설도
있다.

144 (옮긴이주) 리쿠르고스의 급진적인 방법과 그에 대한 참조는 데카
르트의《방법서설Discours de la méthode》에서 발견된다.

145 (옮긴이주) 여기서 홉스의 이론을 비판하고 있다.

146 (옮긴이주) 라 퐁텐Jean de La Fontaine의《우화Fables》, 제6편 제8화
〈노인과 당나귀〉에 "우리의 적은 바로 주인이란 말이야"라는 말이
나온다.

147 (옮긴이주) 소小플리니우스의《트라야누스 송사Panégyrique de Tray-
an》LV, 7에서 인용했다. 홉스의《리바이어던》의 주권론에 대한 반
론이다.

148 (옮긴이주) 기원전 5세기경의 스파르타의 장군.

149 (옮긴이주) 페르시아 제국에 있던 도시이다. 아케메네스 왕조의 화
    려한 수도였으나 기원전 330년 알렉산드로스 대왕의 페르시아 원
    정 때 불에 타 사라졌다.

150 (옮긴이주) 타키투스Tacitus의《역사Historiae》1, IV, 17장에서 인용
    했다. "miserrimam servitutem pacem appellant."

151 (옮긴이주) 세습적 왕정 변호의 이론을 가리킨다. 로버트 필머Robert
    Filmer의《가부장제Patriarchy, or the Natural power of kings》와 로크의
    《시민 정부론First Treatise of Government》, 영국의 공화주의 정치가인
    앨저넌 시드니Algernon Sidney의《통치론Discourses concerning Govern-
    ment》은 이 문제에 대한 논쟁이라고 할 수 있다.

152 (옮긴이주) 아버지의 권력에 대한 비판에 관해서는《사회계약론》
    제1권, 제1부 제2장을 참고하라.

153 (옮긴이주) 여기서 루소는 검열을 경계하여 조심스러운 태도를 취
    하고 있다. 하지만 당대의 독자들은 이 글 속에 포함된 풍자적 의도
    를 충분히 이해했다.

154 (옮긴이주)〈에스파냐 왕국의 여러 주에 대한 지극히 기독교적인 여
    왕의 여러 권리들에 관한 규약Traité des droits de la reine très chrétienne
    sur divers États de la monarchie d'Espagne〉(1667).

155 〔1782년판〕로크의 뒤를 이어 "어떤 사람도 자기를 제멋대로 다루
    는 독단적인 권력에 굴종할 정도로 자기의 자유를 팔아 넘길 수는
    없다. 그것은 자기 소유가 아닌 자기 생명을 팔아 넘기는 일이기 때
    문이다"라고 선언한 바르베라크Jean Barbeyrac(1674~1774, 프랑스의
    법학자—옮긴이주)의 권위 있는 말도 원한다면 무시하겠다.

156 (옮긴이주) 푸펜도르프의《자연법과 만민법》, 제7편 제3장 제1절.
    그로티우스와 푸펜도르프는 한 인간이 생존을 위해 자신의 의지로
    자유를 포기할 수 있다고 생각했다. 반면 루소는 어느 누구도 합의

에 의해 자유를 양도할 권리가 없다고 주장했다. 루소는《사회계약
론》, 제1부 제4장〈노예 상태에 관해서De l'esclavage〉에서 이 문제를
다루었다.

157 (옮긴이주) 루소는《사회계약론》, 제3부 제3장에서 정부를 다음과
같이 분류하고 있다. "첫째, 주권자는 정부를 국민 전체 또는 대다
수의 국민에게 위임하여, 단순한 개별적 시민보다 행정관의 수를
더 많게 할 수 있다. 이러한 정부 형태를 우리는 '민주제(민주 정부)'
라고 부른다. 둘째, 주권자는 정부를 소수의 사람들에게 맡김으로
써 행정관보다 단순한 시민이 더 많게 할 수 있다. 이 정부 형태는
'귀족제(귀족 정치)'라 불린다. 끝으로, 주권자는 정부 전체를 단 한
사람의 행정관에게 집중시킴으로써 다른 모든 사람들이 그들의 권
력을 이 한 사람에게서 얻도록 할 수 있다. 이 세 번째 형태가 가장
흔한 것으로서, '군주제(군주 정치)' 또는 왕정王政이라는 이름으로
불린다."

158 (옮긴이주) 전자는 군주제와 귀족제, 후자는 민주제를 가리키며, 신
민은 전자에 속하고, 시민은 후자에 속한다.

159 (옮긴이주) 60세 이상으로 구성된 원로원.

160 (옮긴이주) 영주, 귀족, 나리를 뜻하는 말.

161 (저자주) 분배의 정의正義가 정치 사회에서 실행된다면 자연 상태
의 엄격한 평등에는 대립될 것이다. 그리고 국가의 모든 구성원은
국가에 대해 재능과 능력에 따라 봉사를 해야 하므로 시민들도 자
기들의 봉사에 따라 구별되고 대우를 받아야 한다. 이소크라테스
Isocrates의 말은 이러한 의미에서 이해되어야 한다. 그는 초기 아테
네인들이, 모든 인민에게 무차별하게 동일한 이익을 분배하는 하나
의 평등과 각자의 가치에 따라 이익을 분배하는 또 다른 평등을 두
고 어느 것이 유리한가를 올바로 구별할 줄 알았다며 칭찬했다. 이

웅변가는 이에 덧붙여 다음과 같이 말한다. "능란한 정치가들은 악인과 선인을 전혀 차별하지 않는 부당한 평등을 배제하고 각자의 가치와 공적에 따라 상이나 벌을 주는 평등에 끝까지 집착했다. 그러나 아무리 부패했을지라도 악한 사람과 선한 사람을 전혀 구별하지 않는 사회는 지금까지 없었다. 그리고 비록 사회 도덕의 문제에 대해서 법률이 행정관을 위한 규칙으로 쓰일 만큼 정확한 척도를 제공할 수는 없다 해도, 시민의 운명과 지위를 행정관의 자의에 맡겨서는 안 된다. 그러므로 행정관이 행위에 대한 판정을 내릴 뿐 인격에 대해서는 판정할 수 없도록 법률로 정한 것은 매우 현명한 처사다." 고대 로마인들의 순결한 풍속을 제외하고는 우리들 사이의 모든 것을 흔들어놓았을 감독관의 판정을 감당해낼 만한 것이 없었다. 선인과 악인 사이에 차별을 두는 것은 공공의 평가에 따라 이루어져야 한다. 행정관은 엄격한 법규에 대해서만 심판자가 될 뿐이다. 그러나 인민은 사회 도덕의 진정한 심판자다. 인민은 이 점에 관한 한 가끔 남용의 우를 범하는 경우도 있으나 결코 부패하지 않는, 공정하고 풍부한 식견을 갖춘 심판자다. 그러므로 인민의 지위가 개인적인 가치에 따라 결정되어서는 안 된다. 그렇게 하면 행정관에게 법률을 자의적으로 적용하는 빌미를 제공하게 된다. 따라서 인민이 국가에 대해 행한 실제적인 봉사가 결정 요소가 되어야 한다. 이 봉사에 따라 인민의 지위를 좀더 정확하게 평가할 수 있기 때문이다.

162 (옮긴이주) 이것이 루소가 계획했으나 결국 완성하지 못했던《정치경제론*Économie politique*》을 가리키는 것인지는 확실치 않다.

163 (옮긴이주) 전쟁을 하기 위해 고용된 용병을 말한다.

164 (옮긴이주) 군인이나 귀족의 결투에 관한 법령을 말한다. 루소는 파스칼Pascal이《시골 친구에게 쓴 편지*Les Provinciales*》에서 비웃은, 귀

족의 결투에 관한 기묘한 종교적 변호 등을 생각하고 있는 모양이다.

165 (옮긴이주) 루카누스Marcus Annaeus Lucanus, 《파르살리아Pharsalia》, 제1편 376행. "Pectore si fratis gladium juguloque parentis / Condere me jubeas, gravidae in viscera partu Conjugis, invita peragam tamen omnia dextra." 루카누스는 에스파냐 태생의 로마 시인(39~65)으로서 세네카의 조카다. 네로의 총애를 받았으나 피소의 음모에 가담했다가 자살했다.

166 (옮긴이주) 루소 연구가인 본Vaughan은 이 구절이 타키투스의 《역사》 제1권, 제21장의 "cui compositis rebus nulla spes"를 인용한 것이라고 말하고 있다. 그러나 스타로뱅스키는 이 구절이 시드니의 《통치론》, 제19절의 인용이라고 본다. 해당 구절은 다음과 같다. "Ce sont ces gens là, *quibus ex honesto nulla est spes* ; ils ont en horreur l'autorité des lois, parce qu'elles répriment leurs vices."

167 (옮긴이주) 이렇게 하여 가장 힘센 사람이 지배하는 새로운 자연 상태가 정립된다. 이것은 최초의 순수성을 유지한 그런 자연 상태가 아니라 과도한 타락에 바탕을 둔 자연 상태다. 이처럼 먼저 독재자의 통치를 옹립하고 그 다음에 그것을 파괴하는 사회사社會史의 혁명적 단계를 가리켜 후대의 엥겔스는 《반뒤링론Anti-Dühring》에서 '부정의 부정negation of the negation'이라고 했다. 그러면서 카를 마르크스Karl Marx의 예고편인 인류사의 변증법적 해석을 시도했다. 물론 마르크스는 이런 용어를 좋아하지 않았다. 마르크스는 헤겔과 마찬가지로 루소를 계몽주의 철학자로 읽으려 했다. 인간의 자연권을 주장한 루소의 사상이 프랑스 혁명에서 실현되면서 결과적으로 부르주아의 정치적 승리를 가져오게 되었다고 본 것이다. 그러나 만약 마르크스가 《인간 불평등 기원론》 제2부를 엥겔스만큼 주도면밀하게 읽었다면, 루소의 사유 재산론과 사회적 불평등론이 "인

간의 역사는 이데올로기적 법칙에 의해 조절되는 계급 투쟁의 역
사"라는 자신의 생각과 비슷하다는 것을 발견했을 것이다. 특히《인
간 불평등 기원론》의 결론 부분은 마르크스의 사회 이론과 유사하
다〔Robert Wokler, *Rousseau. A Very Short Introduction*(Oxford Univ.
Press, 1995), 67~68쪽을 참조하라〕.

168 (옮긴이주) 이슬람 세계의 전제적인 통치자의 칭호다.

169 (옮긴이주) 고대 그리스의 철학자(기원전 412?~기원전 323?). 견유
학파의 한 사람으로 반문화적이고 자유로운 생활을 실천했다. 세속
적 행복, 부, 권력을 경멸하여 한낮에 등불을 켜들고 참된 인간을 찾
아 아테네의 거리를 돌아다녔다고 한다.

170 (옮긴이주) 로마의 정치가이다(기원전 95~46). 스토아 철학을 신봉
했으며, 공화정을 옹호하여 카이사르와 싸우다 패하자 자살했다.

171 (옮긴이주) 아타락시아는 문자 그대로 스토아 학파의 현자가 정념
에서 벗어나 획득하게 된 '고통의 부재' 상태를 가리킨다. 여기서 루
소는 자연인의 행복을 강조한다.《인간 불평등 기원론》제1부에서
자연 상태를 묘사하는 중에 환기되는 자연인을 다시금 생각해볼 필
요가 있다. 루소는 만년의 작품《고독한 산책자의 몽상 *Les Rêveries du
promeneur solitaire*》에서도 현실적으로 자연인의 행복에 가까우면서
도 아타락시아를 방불케 하는 경지를 순간적으로 향락한 행복을 그
리고 있다.

172 (옮긴이주) 여기서 루소는 불평등에 따라 구성된 사회에서의 왜곡
된 인간상을 보여준다. 이처럼 자기 자신 밖에서 머물고 자기 자신
이 되지 못한 인간에 대해, 루소는 모든 저작을 통해서 인간은 다시
한번 자기 안의 풍요로움을 회복해야 한다고 주장했다.《에밀》, 제2
부를 참조하라.

173 (옮긴이주)《인간 불평등 기원론》의 초반부에서 루소는 인간이 통

제할 수 없는 자연적 또는 신체적 불평등과 인간이 선택할 수 있는 도덕적 또는 정치적 불평등, 이렇게 두 가지 종류의 불평등이 있다고 주장했다.

174 (옮긴이주) 불평등이 극에 달한 근대 문명의 상황을 고발할 때 루소의 어조는 격해진다. "여기서 그의 가슴이 뛰고 그의 상처에서는 피가 흘렀다"고 한 루소 연구가는 말하고 있다. 자녀 다섯을 낳는 족족 고아원에 보내야 했을 만큼 사회적 불평등의 희생자로 일생을 보냈던 루소는 한 귀족 부인에게 보내는 편지에서 이 쓰라린 경험을 토로하면서 "내 자식들의 빵을 내 계급에서 도둑질하는 것은 당신네 부자들 계급입니다"라고 외쳤다. 루소는 인간의 불행과 악의 원천이 불평등이며, 불평등의 기원을 검토함으로써만 악의 진정한 기원을 논증할 수 있다고 생각했다.

175 (옮긴이주)《루소 전집》1권, 351쪽을 참조하라.

176 (옮긴이주)《루소 전집》3권, 6~7쪽을 참조하라.

177 (옮긴이주)《루소 전집》1권, 388~389쪽을 참조하라.

178 (옮긴이주) 이 책 38쪽을 참조하라.

179 (옮긴이주) 이 책 39쪽을 참조하라.

180 (옮긴이주) 이 책 52쪽을 참조하라.

181 (옮긴이주) 이 책 52쪽을 참조하라.

182 (옮긴이주) 이 책 98~99쪽을 참조하라.

183 (옮긴이주) 이 책 88쪽을 참조하라.

184 (옮긴이주) 이 책 101~102쪽을 참조하라.

185 (옮긴이주) 이 책 113~114쪽을 참조하라.

186 (옮긴이주) 이 책 114쪽을 참조하라.

187 (옮긴이주) 이 책 124쪽을 참조하라.

188 (옮긴이주) 이 책 126쪽을 참조하라.

189 (옮긴이주) 이 책 150쪽을 참조하라.

190 (옮긴이주) 이 책 154쪽을 참조하라.

191 (옮긴이주) 이 책 152쪽을 참조하라.

192 (옮긴이주) 《루소 전집》, 1권, 935쪽을 참조하라.

더 읽어야 할 자료들

대부분의 경우 고전들은 그 높은 성가에 비하여 오늘날 일반적으로 널리 읽히지 못함으로써 앙상한 개요만 알려져 있거나 전공 학자들 사이의 전문적 논의 대상으로만 머물러 있는 것이 보통이다.《인간 불평등 기원론》은 이러한 양상이 특히 심한 경우로서 책명은 잘 알려져 있으나 루소의 다른 저작들이 널리 읽히는 데 비해 좀처럼 일반적인 독서의 대상이 되지 못하는 것 같다.

《인간 불평등 기원론》은 반드시 읽어야 할 책이지만 그리 쉽게 읽히는 책은 아니다. 우선《사회계약론》 등에서 구체화되는 루소의 정치 사상 체계의 서론적 성격을 갖는 저작이라 아직 체계성이 부족하다는 점이 그 이유가 된다. 또한 저자의 난해한 문체 때문이기도 하다. 함께 읽으면 좋은 책 몇 권과 논문을 소개한다.

리오 담로시, 《루소 : 인간 불평등의 발견자》, 이용철 옮김(교양인, 2011)

이 책은 루소의 다양한 삶과 사상을 일목요연하게 살펴보는 데 큰 도움을 준다. 우리는 이 책에서 루소의 사회 사상, 종교론, 교육론에 대한 방대한 정보를 얻을 수 있을 뿐만 아니라 자신에게 충실한 삶을 살려고 했던 인간 루소를 만나게 된다.

김용민, 〈자연법 이론과 루소의 정치 사상〉, 《한국정치연구》 제7집(1997)

인간의 본성에 대한 관념, 인간의 자유권에 대한 해석과 국가 권력의 범위 설정에 대한 논의 등을 중심으로 자연법 이론과 루소 사상의 연계점을 다루고 있다. 특히 루소가 정치학을 구축하면서 많은 영향을 받은 자연법학자 그로티우스와 푸펜도르프의 이론을 자세히 분석하고 있다.

레오 스트라우스, 《자연권과 역사》, 홍원표 옮김(인간사랑, 2001)

스트라우스는 철학의 이념을 두 가지로 구분하고 있다. 고전적 의미의 철학은 동굴로부터의 이탈이며, 현실과 철학 간의 근본적인 긴장을 상정한다. 반면에 "역사주의는 철학을 기본적으로 역사세계·문화·문명·세계관·동굴 세계와 연계시키고 있다." 이와 같이 근대인들은 철학의 정치화를 지향하고, 결과적으로 의도와는 무관하게 이데올로기 시대의 도래에 기여했다. 이들은 왜 이러한 근대 기획을 추진하게 되었는가?

스트라우스는 고대인과 근대인들의 이러한 갈등을 분석하면서 근대 자연권 사상에 대한 부분에서 홉스와 로크의 자연권 사상, 근대 자연권의 위기와 관련된 루소와 버크의 사상을 언급하고 있다.

"루소는 홉스, 로크, 백과전서파로부터 탈피하여 플라톤, 아리스토텔레스, 플루타르코스에게 의지함으로써 그의 근대 선구자들이 여전히 유지했던 고전 사상의 중요한 요소들을 포기했다. 홉스의 경우 이성은 자신의 권위를 이용하면서 정념을 해방시켰다. 정념은 해방된 이성과 같은 지위를 획득하였다. 이성은 원거리 통제를 통해서이긴 하지만 계속 지배한다. 루소의 경우 정념 자체는 주도권을 장악하였으며 저항하였다. 정념은 이성의 자리를 찬탈하고 이성의 무절제한 전력前歷을 노골적으로 부정하였으며, 카토적 미덕의 엄숙한 어조로 이성의 간교함에 판단을 내리기 시작하였다. 서구 세계는 루소의 지적 분출로 열이 달아오른 암반들로 뒤덮였다."

로버트 워클러, 《루소》, 이종인 옮김(시공사, 2001)

영국 맨체스터 대학교 행정학과의 정치사상사 담당 교수인 저자는 이 책에서 루소의 역사철학, 음악 이론, 정치 이론 등을 간명하게 설명한다. 특히 2장 〈문명은 인류의 독이다Culture, music, and the corrupion of morals〉와 3장 〈인간 불평등의 원시적 기원들Human nature and civil society〉을 참조하기 바란다.《인간 불평등 기원론》에 대한 우리의 논의는 이 책에 큰 빚을 지고 있다.

아르놀트 하우저, 《문학과 예술의 사회사》, 백낙청 외 옮김(창작과비평사, 1999)

선사 시대부터 현대 영화의 시대에 이르기까지 유럽의 예술을 사회사적 관점에서 서술한 이 책에서 저자는 루소에게 무한한 찬사를 보내고 있다. "루소가 끼친 영향력의 깊이와 폭은 이루 헤아릴 수 없을 정도이다. 그는 후일의 마르크스나 프로이트처럼 한 세대가 지나기 전에 수백만 사람들—그중 많은 사람은 이름조차 알 수 없다—의 생각을 변화시킨 위대한 정신들 중의 하나이다. 18세기 말에 지식인의 범주에 드는 사람치고 루소의 사상에 영향을 받지 않은 사람은 거의 없었다. 이런 영향력은 작가가 가장 심오한 의미에서 자기 시대의 대표자이자 대변자일 경우에만 가능한 법이다. 루소와 더불어 처음으로 소시민 계층과 가난하고 억압받고 아무 권리도 없는 일반 대중이라는 보다 광범위한 사회 계층이 문학적인 발언대에 오르게 된다. 계몽주의의 '철학자들'도 때때로 민중의 편에 서기는 했지만, 그들은 항상 단순한 대리인 내지 보호자로 나섰을 뿐이다. 루소는 민중의 한 사람으로서 말한 최초의 인물이요, 민중을 위해 말하는 것이 곧 자신을 위해 말하는 것이기도 했던 최초의 인물이다. 그는 다른 사람에게 반역을 고취했을 뿐 아니라 스스로도 반역아였다. 그의 선배들이 개량주의자, 사회 개혁가, 박애주의자였다면 그는 최초의 진정한 혁명가라고 하겠다."

에른스트 카시러, 《루소, 칸트, 괴테》, 유철 옮김(서광사, 1996)

카시러는 이 책에서 루소의 인격적인 측면과 그의 정치 이론, 종교, 윤리 사상 등이 칸트에게 미친 영향을 총체적으로 검토하고 있다. 방황과 고독과 고뇌가 연속되는 루소의 삶이 명령과 법칙, 일치와 일관성을 통해서 형식주의자로 알려진 칸트의 인격적인 측면과 상반됨에도 불구하고, 도덕성에 대한 루소의 생각은 칸트를 매혹시켰다고 카시러는 주장한다. "루소의 자연 상태에 대한 주장은 칸트의 '이성의 도덕적 원칙'과 비교될 수 있다. 루소의 자연 상태는 '만인에 의한 만인의 투쟁 상태'가 아니라 우정과 조화를 가진 인간 이성의 근원적 상태이며, 이는 칸트의 도덕적 격률로서의 정언명법을 형성해내는 윤리적 이성과 상통할 수 있을 것이다."

이동렬, 〈프랑스 계몽주의 문학의 이념―《인간 불평등 기원론》에 대한 고찰〉, 《세계의 문학》(1991년, 겨울호)

국내에 발표된 루소의 《인간 불평등 기원론》에 대한 논문 가운데 가장 먼저 추천할 만한 것이다. 프랑스 계몽주의 문학에 관한 글을 꾸준히 발표해온 저자의 저력이 엿보이는 글이다. 루소의 《인간 불평등 기원론》을 우리말로 옮기고 내용을 풀이하면서 우리는 이 논문을 끊임없이 참고·인용했다.

"평등의 실현을 목표로 한 정치 체제의 실험이 퇴조 현상을 보인다고 해서 인간들 사이의 극심한 불평등이 그대로 정당화할 수는 없으며, 평등이란 본래 실현 불가능한 이상일 뿐이라고 방기되어서도 안 될 것이다. 《인간 불평등 기원론》은, 불평등이 인간의 모든 악과 불행의 근원이며 불평등 상태에서는 진정한 의미로서의 자유의 실현이 불가능함을 역설하고 있다. 불평등이 존속하는 한 이 저서는 여전히 문명과 사회에 대한 강렬한 비판적 기능을 수행하면서 우리에게 소중한 참조의 대상이 될 것이다."

이미누엘 칸트, 《칸트의 역사철학》, 이한구 편역(서광사, 1992)

〈추측해본 인류 역사의 기원Mutma licher Anfang des Menschengeschichte〉(1786)에서 칸트는 자연 상태와 역사 세계가 어떻게 구별되는가를 보여준다. "그리고 이성의 역사가 어떻게 해서 악으로부터 출발하는가를 설명하고 있다. 여기서 이성은 네 단계로 나누어져 설명된다. 본능적 지식을 확장시키는 힘으로서의 이성, 성적 본능을 더욱 내적이고 더욱 지속적으로 만드는 힘으로서의 이성, 다가올 미래를 현재화하는 능력으로서의 이성, 자신을 자연의 본래의 목적으로 파악하는 능력으로서의 이성이 그것이다. 칸트의 이런 설명에 의하면, 성서에 나오는 선악과에 얽힌 이야기는 이성의 계발 이외에 다른 것이 아니다. 그리고 한번 자유의 맛을 본 이성은 본능의 지배 밑으로 되돌아가는 것을 결코 원하지 않는다. 인간이 이성에 의해 인류의 최초의 거주지로 생각되었던 낙원에서 나온 것은, 결국 한갓된 동물의 조야한 상태로부터 인간성의 상태로, 또 본능의 유모차로부터 이성의 인도에로 옮아간 것을 의미할 뿐이다. 말하자면 이것은 자연 상태로부터 자유의 상태로의 이행이었던 것이다."

칸트는 '역사철학'이란 이름으로 독립된 저서를 출간한 적은 없다. 이 책은 역사철학에 관한 칸트의 논문 일곱 편을 한데 묶은 것이다. 여기에 실린 〈추측해본 인류 역사의 기원〉에 루소에 대한 언급이 나온다.

칸트는 《실천적인 관점에서 씌어진 인간학Anthropologie in pragmatischer Hinsicht abgefaßt》이란 또 다른 저서에서 루소의 자연 상태에 대해 다음과 같이 말하고 있다. "근본적으로 루소가 원한 것은 인간이 다시 자연 상태로 되돌아가는 것이 아니라 현재 처한 단계에서 자연 상태를 되돌아보는 것이었다. 그는 인간은 본성적으로 선하지만, 악하거나 미숙한 안내자와 본보기에 전염당해 타락할 위험이 있다고 보았다. 그래서 도덕

교육의 문제는 여전히 해결되지 않은 상태다. 인류가 갖고 있는 선천적인 악한 성향은 보편적인 인간 이성에 의해 질책되고 때로는 억제되기도 하지만 완전히 제거되지는 않기 때문이다."

장자크 루소, 《고백》, 박아르마 옮김(책세상, 2015)

"일찍이 전례가 없고 어떤 모방자도 결코 실행하지 못할 것"이라고 스스로 단정한《고백》은 일차적으로 자기 변호의 목적을 가지고 있다. 그러나 루소는 그 가운데 숨김없는 적나라한 자화상을 그려나가는 데 온갖 정성을 다하고 있다. 그는 고독과 자연에 대한 사랑이 자신의 본성이었으며 자기는 오로지 자연 그대로 살기를 원했음을 강조한다. 그리하여 자신의 괴벽성은 '자연의 진실 속에 살려고 한' 인간과 '사회의 허위 및 해독으로 말미암아 변조된' 인간 사이의 차이에서 온 것이라고 스스로 진단한다.

《고백》 제8권에는 루소의 인생 방향을 바꾸어놓은 첫 번째 논문(《학문 예술론》)과 좀더 심오하면서도 새로운 역사철학 저서인 두 번째 논문(《인간 불평등 기원론》) 집필의 전후 사정이 상세하게 진술되어 있다.

장자크 루소, 《사회계약론》, 이재형 옮김(문예출판사, 2013)

1762년에 출간된 이 책의 제1부 제1장은 다음과 같은 유명한 구절로 시작된다. "인간은 자유롭게 태어났지만, 어디서나 쇠사슬에 묶여 있다. 다른 사람들보다 더 노예가 되어 있으면서도 자기가 그들의 주인이라고 믿는 자들이 있다. 어떻게 해서 이처럼 뒤바뀐 생각을 하게 되었을까? 잘 모르겠다. 도대체 무엇이 그 같은 생각을 정당화할 수 있을까? 이 질문에는 대답할 수 있을 것 같다……사회질서는 다른 모든 권리의 바탕이 되는 신성한 권리이다. 그렇지만 그 권리는 자연에서 유래하는 것이 아니다. 즉 그것은 계약에 기초하고 있다."

루소의 정치적인 글을 펴내고 주석을 달았던 로베르 드라테Robert Der-
athé는 '루소의 정신 세계를 이해하기 위해서는' 반드시 《에밀》과 《사회
계약론》을 모두 읽어야 한다고 말한다. 드라테는 타락한 사회의 인간을
대상으로 한 《에밀》은 그들로 하여금 스스로를 타락에서 지킬 것을 요
구하는 반면 《사회계약론》은 자유를 지킬 줄 아는 민족들을 위한 책이
라고 말한다.

장자크 루소, 《언어 기원에 관한 시론》, 주경복·고봉만 옮김(책세상, 2002)

루소 자신의 증언에 따르면, 이 논문은 원래 《인간 불평등 기원론》의 한
부분을 이루었으나, 너무 길고 어울리지 않아 빼버렸다고 한다. 이 책은
그의 역사철학의 핵심을 형성하고, 문명의 발전이 도덕의 타락을 가져
오고 그런 타락은 학문과 예술에서 발견된다는 루소의 주장에 대해 하
나의 구체적 사례를 제시한다.

장자크 루소, 《에밀》, 김중현 옮김(한길사, 2003)

《에밀》을 저술하면서 루소가 가장 역점을 둔 것은 어린아이의 영혼을
그릇된 교육자들에게서, 그리고 좀더 일반적으로는 인위적 문명의 해독
에서 보호하는 일이었다. "조물주의 손에서 나올 때는 모든 것이 선善이
나, 인간의 손에서 모든 것이 타락한다." 《에밀》의 권두를 장식하는 이
말은 결국 그의 교육관도 다른 모든 원리와 마찬가지로 그의 반문명 철
학에서 비롯되었음을 웅변적으로 전해준다.

루소는 《에밀》의 핵심적인 주제로 예술보다는 자연에 의한 교육계획을
설정하여 내놓았다. 어린이의 교육은 그들의 충동이 잘 발달하도록 내
버려두는 것이지, 교훈이나 지시 등 외부적인 것으로 강요하는 것이 아
니라는 것이다. 루소는 여기서 개인의 정신적 성장을 발생론에 바탕을
두어 설명하고 있다. 그 성장 과정은 《인간 불평등 기원론》에서 상술한

바와 같이 미개인의 상태에서 문화인으로 이행해가는 과정이다. 단지 《에밀》에서는 이성이나 권위보다는 감정이나 성욕의 이미지를 좀더 강조한다는 차이가 있을 뿐이다.

《에밀》은 타락한 사회 속에서도 인간이 독립성을 쟁취할 수 있다는 전망을 열어 보인 루소의 첫 번째 저서다. 자립심을 배양하면 부패한 사회의 손아귀에서 얼마든지 벗어날 수 있다는 것이다. 이런 점에서 이 저서는 이전 저서들에서는 보이지 않았던 인간의 발전이라는 전망을 조심스럽게 제시한다.

존 플라므나츠, 《정치사상사 2―루소에서 초기 사회주의자들까지》, 김홍명 옮김(풀빛, 1986)

서양의 여러 가지 정치 사회 이론에 대한 비판적 고찰이라고 할 수 있는 이 책에서 저자는 자연 상태와 실제 사회·국가의 기원에 대한 루소의 설명, 인성의 선함에 대한 루소의 신념, 일반 의지의 관념, 그리고 루소의 평등 개념이 내포하는 것들을 집중적으로 분석하고 있다.

츠베탕 토도로프, 《덧없는 행복―루소 사상의 현대성에 관한 시론》, 고봉만 옮김(문학과지성사, 2006)

동구 출신의 학자로서 1963년부터 프랑스 파리에 정착하여 현재 프랑스 국립과학원(CNRS) 수석 연구원으로 있는 저자는 문명의 교류와 충돌, 인본주의의 역사에 대해 해박한 지식과 심도 있는 연구로 인정받고 있다. 또한 인류 평화에 대한 실천적인 관심으로 프랑스 언론으로부터 '휴머니즘의 사도'라는 평판을 받고 있다.

루소의 저작에 대한 '실용적' 독해라고 할 수 있는 이 책에서 저자는 루소의 체계를 해석하고 재구축하여 지금 우리가 당면한 문제들에 대해 루소가 어떤 해답을 제공할 수 있는지를 고찰하고 있다.

한스 로베르트 야우스, 《미적 현대와 그 이후》, 김경식 옮김(문학동네, 1999)

야우스는 우리의 '현대'가 시작된 출발 시점을 18세기 중엽에서 찾아낸다. 그는 계몽된 이성의 진보에 대한 낙관적 신뢰가 사회적 소외에 대한 의식으로 급변하는 지점을 루소의 저작을 통해 확인한다. 야우스에 따르면 "루소는 근대 시민 사회의 자기 소외와 보편적 사물화에 대한 일련의 대응으로서의 모더니즘적 과정의 선두에 위치하는 인물이다." 루소의 사상을 현대와 관련하여 짚어보려는 이들에게 꼭 필요한 저서다.

고봉만

덕유산 아랫마을 거창에서 태어났다. 시골 책방에서 책과 함께 어린 시절을 보냈다. 가장 기억에 남는 책으로 쥘 베른의 《15소년 표류기》(원제: 2년 동안의 휴가)가 있다. 이 책이 나에게 펼쳐 보인 장면들은 어머니가 들려준 호랑이나 귀신 이야기와는 또 다른, 가슴 두근거리는 유혹의 숲이었다. 현실 세계에 눈뜨기 전, 책이 들려주는 저 너머의 세계에 나 자신을 길들이던 꿈 많은 날들이었다.

고등학교 졸업 후 법학을 공부해 출세하라는 주위의 권고와 기대를 저버리고 문학을 선택했다. 대학에서는 프랑스 시와 연극에 마음을 빼앗겼고, 거리와 광장보다는 도서관의 후미진 곳과 지하 소극장을 전전했다. 마침내 나는 청계천의 작고 허름한 서점 안에서 몽테뉴의 《수상록》, 루소의 《고백》, 레비스트로스의 《슬픈 열대》 등을 접하게 되었다. 그 책들을 만나고 타인과 나누면서 새로 세계가 열리고 인간의 고유한 자질이 살아 움직이는 것을 깨달았다.

낯선 프랑스 대학에서 유학하면서 여러 유형의 사람과 눈을 맞추고, 그들의 말에 귀를 기울이고, 그들과 더불어 소통하고 살아야 함을 알았다. 2024년 '세계 책의 수도World Book Capital'로 선정된 스트라스부르 국립 대학 도서관에서 읽은 문학과 인류학의 위대한 고전들은 타인의 '다름'을 어떻게 받아들여야 하는지, 사회란 무엇이고 우리를 둘러싼 세계와 문화를 어떻게 인식해야 하는지, 타인의 부름에 어떻게 마음을 열고 응답해야 하는지를 가르쳐주었다.

현재 충북대학교 프랑스언어문화학과 교수로 재직하며 몽테뉴, 루소, 레비스트로스, 투르니에의 사상을 새롭게 조명하고 성찰하는 한편 색채와 상징, 중세 문장 등에 대한 최신 연구를 번역, 소개하는 일에 몰두하고 있다. 그동안 옮긴 책으로《역사를 위한 변명》,《인간 불평등 기원론》,《식인종에 대하여 외》,《나이 듦과 죽음에 대하여》,《마르탱 게르의 귀향》,《방드르디, 야생의 삶》,《색의 인문학》등이 있다.

인간 불평등 기원론

초판 1쇄 발행 2003년 5월 30일
개정 1판 1쇄 발행 2018년 4월 30일
개정 1판 6쇄 발행 2025년 7월 10일

지은이 장자크 루소
옮긴이 주경복·고봉만

펴낸이 김준성
펴낸곳 책세상
등록 1975년 5월 21일 제2017-000226호
주소 서울시 마포구 월드컵로23길 38, 2층 (04011)
전화 02-704-1251
팩스 02-719-1258
이메일 editor@chaeksesang.com
광고·제휴 문의 creator@chaeksesang.com
홈페이지 chaeksesang.com
페이스북 /chaeksesang   **트위터** @chaeksesang
인스타그램 @chaeksesang   **네이버포스트** bkworldpub

ISBN 979-11-5931-231-1 04160
       979-11-5931-221-2 (세트)

* 잘못되거나 파손된 책은 구입하신 서점에서 교환해드립니다.
* 책값은 뒤표지에 있습니다.